Plantes et herbes de Sorcières

Avertissement
Les éléments décrits ici sont purement à titre informatif et certaines plantes citées sont toxiques voire mortelles. Ainsi, l'auteur et l'éditeur déclinent toute responsabilité en cas de préjudice, de quelque nature qu'il soit, lié à l'utilisation bonne ou mauvaise de cet ouvrage.

Direction éditoriale : Hélène Tellier
Coordination éditoriale : Marion Balbarie
Suivi éditorial : Marine Cornaire
PAO : Nathalie Lachaud, Francis Rossignol
Photogravure : Bertrand Desboudard

www.editions-artemis.com

ISBN : 978-2-8160-1831-8
N° d'éditeur : 8160
Dépôt légal : septembre 2021

Achevé d'imprimer : août 2021
Imprimé en Europe par Impression World

Plantes et herbes de Sorcières

Élisa Amaru

Artémis éditions

SOMMAIRE

INTRODUCTION

Il est impossible de parler des sorcières et de leurs savoirs ancestraux des usages herboristes sans y mêler les traditions druidiques – pour l'Europe – et chamaniques pour ailleurs. Cette magie associée à la sorcière, que d'autres associent au chaman, croise les mystères du monde terrestre et ceux du monde intérieur dont un des résultats est la vision transcendante qui échappe au commun des mortels.

Au cours des nombreux siècles précédents, on peut considérer que ces femmes, bien plus tard appelées « sorcières » étaient membres d'une communauté à laquelle elles apportaient divers remèdes. Comment aider l'accouchement ? Comment soutenir les mourants ? Il s'agissait d'apporter soins et guérison, ou juste réconfort, en cas de difficultés individuelles ou collectives, de maladies, d'épidémies, de souffrances de toutes sortes. Ces femmes intervenaient aussi si le bétail mourait d'une maladie mystérieuse. Tous ces problèmes du quotidien devaient être surmontés dans le passé, comme nous y sommes encore confrontés aujourd'hui. Considérées comme sages – d'où le terme de « sage-femme » – ces personnes, plus généralement des femmes en Europe, étaient dépositaires d'une très antique tradition et donc transportaient la « connaissance » de génération en génération.

Sur toute la planète, à travers le passage des siècles, chez tous les peuples se retrouvent des pratiques analogues. C'est d'abord l'emploi des plantes médicinales ou de drogues naturelles destinées à provoquer hallucinations et rêves dans lesquels l'imagination croit voir les esprits et les êtres fantastiques dont la crainte l'obsède ; car, ainsi que le remarquait Pline, il y a déjà dix-huit siècles, la médecine populaire a été le point de départ de la magie. Les Iniangas, des sorciers des Cafres Amazoulous exerçaient surtout la médecine magique. Les Pages de l'Amazone passaient pour avoir un grand pouvoir dans l'emploi des incantations contre les maladies et les douleurs de toute sorte. Les sorciers des tribus indiennes de l'Amérique du Nord se faisaient remarquer par une connaissance assez approfondie de la vertu des médicaments végétaux ; ils les administraient non seulement afin de produire un délire factice, mais encore pour opérer la guérison de maladies ou de blessures. Ces cures étaient attribuées à l'influence des « manitous ». L'Indien n'allait jamais en guerre sans porter avec lui dans un sac les charmes et les compositions, œuvre des sorciers, que nos premiers colons appelaient le « sac de médecine ». À l'autre bout de la planète, le Tartare transporte de même avec lui, ou suspend à l'entrée de sa tente, ses fétiches et ses idoles comme la Bible nous montre que le faisait Laban. Magiciens et sorcières mettent à profit la connaissance des simples pour guérir les maladies, mais ils y recourent aussi pour composer philtres et poisons qu'ils administrent à ceux qui se sont attiré leur ressentiment ; les victimes se croient alors pourchassées par le courroux céleste.

Si, globalement, de telles personnes, en utilisant leurs connaissances en magie, herboristerie et magie naturelle, consacraient leur vie à défendre et protéger la communauté locale, il est tout aussi certain que certaines ont pu abuser de leur ascendant sur les gens ignorants et superstitieux. Donner ainsi le sentiment de maîtriser la vie et la mort, la chance et le malheur, était une arme à double tranchant. De fait, si par malheur la vie d'un personnage puissant n'était pas sauvée, ou si un fléau apparemment « magique » et incontrôlable s'abattait sur un village, la vindicte et le désir de vengeance s'emparaient des esprits échauffés. La fureur aveugle devenait inversement proportionnelle au respect dévot dont ces femmes en particulier avaient été l'objet auparavant. C'est ainsi que la « guérisseuse » se muait en méchante sorcière, sans nuance ni justification.

Et, progressivement avec la montée en influence du christianisme, dans de multiples pays, ces hommes et ces femmes ont dû œuvrer dans la clandestinité. Si vous saviez comment guérir quelqu'un, arrêteriez-vous de le faire sous la pression d'un nouvel ordre religieux ? Vous abstiendriez-vous de transmettre vos connaissances à vos enfants, ou à vos élèves, afin qu'eux aussi puissent à leur tour guérir les autres ? Ainsi en va-t-il des compétences des sages-femmes qui avaient cette connaissance des arbres, des herbes et des plantes, cette capacité de faire de la magie blanche, de créer des sorts, des onguents et des potions.

Pourquoi certaines plantes ont-elles été élevées de la simple utilité à une symbolique déférente, voire à des capacités magiques et démiurgiques, dans la conscience collective de diverses populations de cultures différentes ? Les plantes ont une réaction incroyable et extraordinairement saine devant la bonté. Les sorciers et sorcières d'antan le savaient. Les végétaux, les fleurs, les arbres ressentent et réagissent face au bien et au mal ; ils expriment eux aussi l'amour et la peur. Leur générosité dans le don d'eux-mêmes participe de cette élévation de l'usage purement physique au royaume du « pouvoir » suprahumain, évidente dans de multiples cultures. Ces évocations véhiculent des images de mystère et de magie, d'anciennes connaissances de la Terre et de ses saisons, de la science des étoiles et des herbes, de la sagesse primitive et de la connaissance intérieure. Tout cela personnifié par le chaudron, symbole de la matrice de la Terre Mère, où se concocte, au fil des époques, des lieux et des perceptions humaines, tantôt la cuisine de Dieu, tantôt la pitance du Diable...

Certaines notions magico-symboliques évoquées dans les parties suivantes consacrées à une liste d'arbres et de plantes réputées « sorcières » sont librement inspirées des ouvrages Plantes magiques *de Sédir et* L'atelier des sorcières et des sorciers *de Stanislas de Guaita.*

CHAPITRE 1

LA CRÉATION OU L'ÉVANGILE DES SORCIÈRES

Si on remonte aux origines de la création du mythe, on ne peut ignorer un ouvrage très particulier écrit en 1899 par Charles Leland *Aradia ou l'évangile des sorcières.* Il y narre les raisons qui ont prévalu à ce livre, c'est-à-dire entre autres son intérêt manifeste pour la sorcellerie et ses recherches patientes dans l'Italie paysanne à l'écart complet des sciences naissantes de la Belle Époque. Très précisément en Toscane, il va nouer connaissance avec une de ces *stregheria.* Voici ce qu'il explique en préface :

« Je suis devenu intime avec l'une d'entre elles en 1886, et depuis j'ai rassemblé parmi ses consœurs toutes les anciennes traditions qu'elles connais-

saient. Il est vrai que j'ai utilisé d'autres sources, mais cette femme de par une longue pratique a parfaitement appris ce que peu comprennent. Elle savait exactement ce que je voulais et comment l'obtenir de ses consœurs. Parmi d'autres reliques étranges, elle a réussi, après plusieurs années, à obtenir "l'évangile" qui suit et dont je dispose d'une copie écrite de sa main. Un exposé complet sur sa nature avec de nombreux détails se trouve dans un appendice. Je ne sais pas de manière certaine si mon informatrice a obtenu ces traditions de sources écrites ou de récits oraux, mais je pense qu'il s'agit principalement de la seconde solution. Mais, il y a peu de magiciens qui copient ou préservent des documents relatifs à leur art. Je n'ai pas vu mon informatrice depuis que "l'évangile" m'a été envoyé. J'espère obtenir plus d'informations dans un futur proche. En bref je peux dire que l'art des sorcières est connu de ses adeptes comme "la vecchia religione" ou l'ancienne religion. Diane est leur déesse, sa fille Aradia (ou Herodias) le Messie féminin, dans ce qui suit on trouvera comment cette dernière est née et est venue sur Terre, comment elle a créé les sorcières et la sorcellerie, et est alors retournée au ciel. »

Selon cet évangile, Diane, la déesse fut créée avant la création. Tout procède d'elle. C'est d'elle-même qu'elle tira la première obscurité car elle se divisa en ombre et lumière. Mais lorsqu'elle vit à quel point sa moitié, son frère, Lucifer (littéralement le porteur de lumière : du latin *lux*, lumière et *ferre*, porter) était étincelant de beauté, elle voulut à tout prix se le réapproprier et le désira plus que tout. Lorsqu'ils se retrouvèrent tous deux sur Terre, Diane usa de sa sorcellerie pour récupérer son frère. Il possédait un chat magnifique qui dormait sous son lit toutes les nuits. La déesse devenue mortelle négocia avec ce dernier pour qu'ils échangent leur corps. Le chat accepta et Diane se retrouva alors chaque nuit aux côtés de sa moitié. De ce stratagème naquit leur fille Aradia, la première instructrice de toutes les sorcières.

Plus tard, Diane avant de quitter la Terre prononça ces paroles à Aradia :

« En vérité tu es une immortelle
Mais tu es née pour redevenir mortelle
Il faut que tu descendes sur Terre
Enseigner aux hommes et aux femmes
Qui voudront apprendre l'art
de la sorcellerie dans ton école
Mais tu ne dois jamais devenir
comme la fille de Caïn
Ni comme cette race
Qu'elle a laissé devenir amère et vulgaire

Telle que les Juifs et les Zingaris
errants
Qui tous sont des voleurs
et des malfaisants, telle qu'eux
Tu ne dois pas devenir

Et tu seras la plus grande
des sorcières
Et ton nom sera connu
sur la Terre entière
Et tu enseigneras l'art
de l'empoisonnement
Pour empoisonner quiconque se
serait cru au-dessus des autres
Oui, dans leurs palais tu dois les
faire mourir
Et tu emprisonneras l'âme
des dictateurs (avec ton pouvoir)
Et si tu trouves un paysan
qui serait riche
Alors tu devras apprendre
à la sorcière, ton élève,
Comment elle pourra détruire
toute sa récolte avec des orages,
Avec les éclairs
et le tonnerre (effrayant)
Avec la grêle et la tempête...

Et si un prêtre devait te nuire
Avec des incantations,
alors tu dois lui
Rendre tout cela en double, et cela en
Mon nom, Diane, Reine de toutes les
sorcières !
Et si les prêtres ou la noblesse
Te disent que tu dois t'en remettre
Au Père, au Fils et à la Vierge Marie,
Alors réponds : "Votre Dieu, le Père
et Marie sont trois démons [....]
car le vrai Dieu, le Père, n'est pas vôtre,
Car je suis venue pour débarrasser
la terre des malfaisants
Les hommes du mal, je les détruirai
tous !"

Vous qui êtes pauvres et affamés,
et souffrez dans la misère, et subissez
souvent suffisamment d'enfermement,
malgré tout cela vous possédez une âme,
et pour prix de votre souffrance vous
serez heureux dans l'autre monde,
et terrible sera le destin de ceux
qui vous ont fait du mal ».

Et, à son tour, lorsqu'Aradia fut pleinement instruite dans l'art de la sorcellerie, elle déclarait à ses élèves :

« Quand je ne serai plus
sur cette Terre
Quand vous aurez besoin
de quelque chose.

Une fois par mois, à la pleine lune
Vous devrez vous réunir dans
un endroit isolé
Ou vous rencontrer dans une forêt
Pour adorer l'esprit enveloppant
de votre reine
Ma mère, la grande Diane.
Celle qui voudra tout apprendre
de la sorcellerie
N'a pas encore atteint des plus
profonds secrets, ma mère
Lui enseignera, la vérité sur
les choses les plus secrètes,
Et vous serez tous libérés
de l'esclavage
Et comme signe de votre vraie liberté
Vous devrez être nus lors de vos rites,
aussi bien les hommes
Que les femmes : cela devra être ainsi,
jusqu'à
Ce que le dernier de vos oppresseurs
soit mort ;
Et vous pratiquerez le jeu de chasse
de Benevento
Et quand les lumières seront éteintes,
Vous préparerez le repas de cette
manière ... »

L'Italie hérita des traditions et mystères de la Grèce. Car, jadis, un culte y était rendu à Hécate qui, à lui seul, était

une véritable magie. Cette divinité, personnification de la Lune qui projette ses rayons mystérieux dans les ténèbres de la nuit, est considérée comme patronne des sorcières. C'est à elle que l'on rapportait le don des prodiges et la découverte des enchantements. Les mystères particuliers célébrés alors en certains lieux de la Grèce étaient tout remplis de rites fort semblables aux pratiques des sorciers et des thaumaturges. Tout y était combiné pour frapper l'imagination, halluciner les sens et nourrir les superstitions les plus sombres et les plus cruelles. De là découle le grand rôle que jouaient dans son culte les reptiles, les philtres et compositions secrètes, les exorcismes et formules intraduisibles. C'est par ces procédés qu'on contraignait la déesse à se montrer à ses adorateurs, satisfaire leurs vœux et conduire leurs entreprises...

CHAPITRE 2

IL ÉTAIT UNE FOIS... DES PLANTES ET DES CHARMES

La sorcellerie, ou Wicca, peut être considérée comme une religion et une pratique millénaire qui précède largement le christianisme. Elle s'est fractalisée, à travers le monde, dans l'animisme, le chamanisme, le druidisme, etc. Durant des siècles, elle a été vécue en secret, dans la clandestinité, notamment du fait de la persécution chrétienne, mais pas que... À la suite de cette répression européenne historique, mais aussi de par la montée d'un scientisme galopant dans la traînée de l'industrialisation et de la disparition progressive de la paysannerie et de sa connaissance ancestrale des plantes, la sorcellerie et ses savoirs spagiriques et botaniques a presque disparu, conservant par-ci par-là des poches de survivances jusqu'à aujourd'hui. Cela le plus souvent dans des régions éloignées et en toute discrétion dans des cercles fermés (appelés « couvents »), notamment aux États-Unis où elle a connu autour de la fin des années 1960 un nouvel élan. Comme le rappelle Raymond Buckland dans son livre plusieurs fois réédité *Le guide complet de la sorcellerie* :

« La Wicca se fonde sur un enseignement d'amour pour tout ce qui vit... C'est la reconnaissance d'un univers holistique et un moyen de sensibiliser les consciences. »

C'est ainsi la notion d'une divinité parfaitement aimante, *parfaitement bonne*, qui a rendu l'antagonisme nécessaire. Autrement dit, on ne peut avoir la couleur blanche que si existe le noir auquel on peut la comparer. Cette vision d'un dieu parfaitement bon a été élaborée par Zoroastre (Zarathoustra)

en Perse, dès le VIIe siècle. L'idée s'est ensuite répandue vers l'ouest et reprise par le mithraïsme, puis le christianisme. L'homme et la femme modernes ont perdu pratiquement toute proximité avec la nature, sinon complètement. La civilisation les en a séparés, minutieusement, volontairement.

La France regorge d'histoires de sorcières qui font peur. La faute à un christianisme qui y a poussé comme une plante envahissante ? Par exemple dans le Loiret, notamment à Sceaux-du-Gâtinais, Tavers, Lorris et au Moulinet-sur-Solin. On y croise aussi bien des sorcières que des fées maléfiques (ou Dames blanches), comme celle qui sévissait, au XIIIe siècle, près du château de Chicamour à Sury-aux-Bois et qui, ayant séduit un jeune seigneur, l'entraîna au plus profond de la forêt où ils disparurent. Car, entre ces méchantes fées et les sorcières il y a peu d'écart. Parlons de celles qui se seraient retrouvées, selon le violoneux de Chaingy, en sabbat dans le bois de Gousmat et qui semblent beaucoup plus diablesses que fées. Mais, si l'on s'éloigne du légendaire, chacun sait qu'il existait également des sorcières en bien des villages. Les enquêtes effectuées au milieu du XIXe siècle dans le Loiret montrent que l'on croit encore beaucoup aux sorciers, hommes ou femmes, devins et revenants.

Les sorcières ont, en principe, le pouvoir de provoquer le mal et d'ensorceler, mais parfois leur action peut être bénéfique. Ainsi, en 1859, le curé de Chaingy signale qu'*« une sorcière émérite assure les conscrits pour le tirage de la conscription et s'engage à leur faire obtenir un bon numéro »*. Ces croyances ont perduré parfois encore près d'un siècle. En 1941, le rédacteur de la monographie communale de Dampierre-en-Burly écrit : *« quelques vieilles femmes connaissent encore le Grand Albert et quelques pratiques de sorcellerie, maintenant terminées »*.

L'enchantement

Dans la tradition sorcière, l'opératrice devra s'être purifiée avant la cueillette des plantes. La veille de celle-ci, elle se rendra près de la plante ; avec son couteau, serpette ou épée, elle cernera rituellement le végétal, l'entourant d'un cercle magique pour en prendre symboliquement possession. Un bain rituel devra également être pratiqué et la magicienne jeûnera la veille de la cueillette. Elle évitera aussi les relations sexuelles. De plus, elle s'abstiendra de pratiquer le rituel en période de menstruation. Nue, ou à la limite revêtue d'une cape ou d'un vêtement de lin blanc, elle est pieds nus et s'approche lentement de la plante et la contourne dans un mouvement circumambulatoire totalement similaire aux rituels hindous. Les prescriptions sont minutieuses dans la sorcellerie quand on s'adresse aux plantes.

Voici ce qu'écrivait Charles Joret (historien, philologue et botaniste) dans son livre, *Les plantes dans l'Antiquité et au Moyen Âge* :

> *« Chez les Hindous, le rite circumambulatoire fait partie du*

culte rendu à certains arbres et à certaines plantes. Je ne m'aventure pas à conjecturer le sens primitif de ce rite. On fait le tour de l'arbre ou de la plante une ou plusieurs fois, de façon à les avoir toujours à sa droite (sens des aiguilles d'une montre), la circumambulation funéraire est faite en sens contraire. Le terme circumambulation désigne l'action de tourner autour de la plante. La précision du rite funéraire s'applique dans l'usage que l'on fait des plantes propitiatoires à un rite funéraire, ou dans la pratique des plantes à destination de philtre de nuisance ou de poison ! Selon l'usage ou utilisation de la partie de la plante, on l'arrachera, la cueillera ou la coupera. Avant cet instant fatidique, une incantation pourra être dite. Cette incantation n'existe pas, elle est propre à chaque opérateur... »

Les instruments rituéliques

Attention à l'instrument utilisé pour la cueillette. Traditionnellement, les grimoires conseillent des couteaux spécifiques appelés Athamé et Bolline.

Le Bolline est un couteau traditionnellement à manche blanc, qui sert à couper les herbes, les branches (pour la fabrication de la baguette par exemple), à façonner des morceaux de bois, à sculpter la cire, les dagydes, etc.

Tandis que l'Athamé est un outil indispensable à la pratique sorcière. Il s'agit également d'un couteau (les couteaux japonais sont parfaits pour cet usage) ou d'une dague, possédant une lame en acier à simple ou double tranchant et un manche isolant en matière naturelle (os, bois, ivoire ou corne). Les matières synthétiques doivent être évitées pour le manche de l'Athamé car bien qu'isolantes, elles perturbent les flux énergétiques. La tradition veut que le manche soit noir, mais tous ne s'accordent pas là-dessus. Selon les traditions et les auteurs, la longueur de la lame varie de 13 à

plus de 45 cm (la longueur d'une dague) et la garde doit être droite et former une croix avec la lame. Une fois consacré, il est recommandé de le placer dans un étui ou un morceau de tissu afin de le protéger des objets et contacts profanes. Sinon, il suffit de le purifier/exécrer puis de le reconsacrer. Lors des rituels, l'Athamé sert à dissoudre les agglomérats énergétiques, grâce au pouvoir dissolvant des pointes. Il agit ici comme un paratonnerre. L'Athamé a aussi un usage symbolique, c'est un outil séparateur, un objet traditionnel de défense, un outil de transfert, de dégagement, et de clôture d'invocations et d'évocations (grâce, à la fois, à ses propriétés dissolvantes et à son pouvoir séparateur).

Ensuite, autre instrument indispensable : la coupe ou le calice. Il est magiquement relié à l'élément Eau et à la Lune. C'est une variante du chaudron des sorcières qui symbolise la matrice de la Terre-Mère (d'où tout provient et où tout retourne), elle correspond aux énergies passives, féminines et matérielles, et elle s'apparente au sein maternel d'où coule le lait nourricier. Généralement en verre ou en cristal, ou en matière naturelle quelconque (grès, métal), sa taille doit être suffisante sans être trop grande. Les magiciens avaient appris à éviter certains métaux comme le cuivre, le bronze ou l'étain, car ils s'oxydent au contact de certains liquides et produisent alors des composés toxiques, sauf bien entendu s'ils sont émaillés. Les coupes traditionnelles ne comportent jamais de symboles religieux qui pourraient entrer en conflit symbolique avec la pratique sorcière. Par contre, la gravure runique ou de signes astrologiques, ou encore de symboles païens est conseillée. La coupe sert à boire les préparations ou les macérations de plantes, à offrir des liquides lors d'une évocation, à contenir l'eau salée des exorcismes, ou les boissons des libations rituelles.

Passons ensuite au si important chaudron de la sorcière, image bien connue et outil essentiel. C'est dans le chaudron que les sorcières préparaient les philtres et autres potions. Il symbolise la Matrice de la Terre-Mère, et est donc associé à la Déesse. On doit l'utiliser principalement dans une cheminée ou sur un feu de bois. Idéalement, il a trois pieds, toujours pour symboliser l'aspect triple de la Déesse.

Enfin le balai sorcier traditionnel est constitué d'un manche en frêne et d'un corps en brindilles de bouleau, attachées entre elles par un jonc de saule (le frêne

est protecteur, le bouleau purificateur et le saule est consacré à la Déesse). Le balai, qui est consacré à la fois à la Déesse et au Dieu, sert à purifier l'espace rituel avant toute pratique magique ou la pièce et est parfois utilisé pour nettoyer de manière symbolique le cercle consacré. Au Moyen Âge, c'est avec ce type de balai que les sorcières allaient au sabbat, installées à califourchon selon l'iconographie habituelle.

Procédés magiques

« Tels furent les chefs de ces deux cents anges et le reste était tous avec eux. Et ils se choisirent chacun une femme, et ils s'en approchèrent, et ils cohabitèrent avec elles ; et ils leur enseignèrent la sorcellerie, les enchantements, et les propriétés des racines et des arbres... Azael enseigna encore aux hommes à faire des épées, des couteaux, des boucliers, des cuirasses et des miroirs ; il leurs apprit la fabrication des bracelets et des ornements, l'usage de la peinture, l'art de peindre les sourcils, d'employer les pierres précieuses, et toute espèce de teintures, l'usage de l'antimoine, de sorte que le monde fut corrompu. Amazarak enseigna tous les sortilèges, tous les enchantements et les propriétés des racines. Armers enseigna l'art de résoudre les sortilèges. Barkayal enseigna l'art d'observer les étoiles. Akibeel enseigna les signes et signatures. Tamiel enseigna l'astronomie. Et Asaradel enseigna les mouvements de la Lune. »

Ces extraits des chapitres VII et VIII de la tradition éthiopienne du *livre d'Enoch* sont explicites, en ce sens qu'ils illustrent assez bien les diverses études nécessaires aux « arts magiques ». Amazarak, cité plus haut, le « maître des racines » fut le créateur mythique de la magie verte.

Le terme racine ne s'applique pas seulement à cette partie des plantes, mais à la totalité de celles-ci ; jusqu'au Moyen Âge, on était accoutumé de désigner par le terme générique de « racine » les plantes en général. Seuls les arbres en étaient distingués séparément. On voit dans le cheminement de ce texte, le groupement des connaissances, magie verte, enchantements, astrologie, astrologie lunaire, signatures... bref, un véritable manuel de cours de magie.

Charmes des 4 éléments

L'élément feu naît de l'exaltation, de la réaction et de la concentration du chaud et du sec qui le rend violent et actif. Le feu isolé a une action destructrice, comburante et diffusive.

L'élément air naît de l'action du chaud sur l'humide qui l'exalte, le dilate et le volatilise. L'air isolé est de nature harmonique, générante, tempérante et maturante.

L'élément eau naît de l'action du froid sur l'humide qui le condense, le retient et l'alourdit. L'eau isolée est de nature passive, atténuante, instable, désagrégeante, dispersive et réceptrice.

L'élément terre naît de l'action du sec sur le froid qui le divise et s'oppose à sa coagulation par sa nature réactive. La terre isolée est de nature neutre, inerte, concentrative, aride et absorbante.

Dans l'œuvre de la génération et des manipulations spagyriques, le **feu** donne l'impulsion spontanée, il est le principe dynamique, il engendre le mouvement et l'action. L'**air** tempère la violence du feu, harmonise le mouvement, mesure l'action. Il féconde la terre et l'eau d'où naît la putréfaction, laquelle précède toujours la génération. L'**eau** retombe en pluie sur la terre pour y circuler et y corrompre les germes fécondés par l'air et animés par le feu. L'eau fait naître la putréfaction dans la terre par action de l'air. La **terre** reçoit l'animation du feu par le moyen du sec et la fécondation de l'air par le moyen de l'eau qui engendre la putréfaction comme en une matrice. La terre est le réceptacle des germes fécondés. La génération naît donc dans la terre et dans l'eau, putréfiée par l'air et animée par le feu.

Charme du Feu

Magiciennes ou sorcières, on dit qu'elles traçaient le symbole représentant leur intention sur un morceau de papier coupé en triangle. Puis, déposant les herbes enchantées méticuleusement choisies au centre du papier, elles le froissaient soigneusement de façon à ce que toutes les herbes soient enserrées dans le triangle. Dernière étape, elles allumaient un feu puissant, dans la nature ou dans leur cheminée et y jetaient le paquet d'herbes. À l'instant où il touchait les flammes, elles devaient prononcer les mots du rituel correspondant au vœu et rester concentrées jusqu'à ce que le papier et les herbes aient été entièrement consumés.

Voici la composition de l'Huile du Feu (selon d'anciens grimoires) :

- Huile d'olive (1/8 de tasse)
- 3 gouttes d'huile essentielle de gingembre
- 2 gouttes d'huile essentielle de romarin
- 1 goutte d'huile essentielle de clou de girofle
- 1 goutte d'huile essentielle de poivre

Charme de l'Air

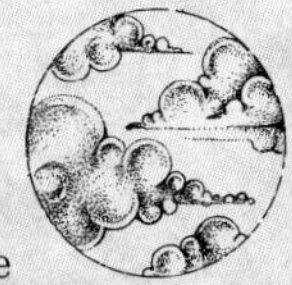

Il est dit que les sorcières se tenaient debout en plein air au sommet d'une montagne ou d'une colline isolée, loin des plus grands arbres. Dans leurs mains investies du pouvoir, elles serraient les herbes appropriées à ce qu'elles voulaient obtenir, bénédiction ou maléfice. Puis, se tournant vers le Nord, elles jetaient un peu de ces herbes dans cette direction. Ensuite, face à l'Est, elles répétaient le rituel, et même geste face au Sud. Enfin, inclinées face à l'Ouest, elles abandonnaient le reste de leurs herbes au vent pour qu'il les emporte loin d'elles, tout en en prononçant à voix haute une incantation appropriée.

Voici la formule de l'Huile de l'Air (selon d'anciens grimoires) :

- Huile d'olive (1/8 de tasse)
- 5 gouttes d'huile essentielle de lavande
- 3 gouttes d'huile essentielle de bois de santal
- 1 goutte d'huile essentielle de néroli

Charme de l'Eau

Les légendes nous racontent des histoires de sorcières se penchant au bord d'une rivière, d'un lac, d'une source ou au bord de la mer, avec dans leurs mains serrées les herbes ad hoc. Puis de cette main qui détient le pouvoir, prononçant les mots de la formule appropriée, et d'un mouvement ample et circulaire, elles lançaient les herbes dans l'eau. Le pouvoir était ainsi répandu.

Ci-dessous la recette magique de l'Huile de l'Eau :

- Huile d'olive (1/8 de tasse)
- 3 gouttes d'huile essentielle de palmarosa
- 2 gouttes d'huile essentielle d'ylang-ylang
- 1 goutte d'huile essentielle de jasmin

Charme de la Terre

Les sorcières étaient réputées placer les herbes enchantées dans un petit sac puis, dans un lieu sauvage, creusant de leurs mains un trou dans la terre, elles y déposaient les herbes en psalmodiant un vœu, avant de recouvrir les herbes de terre et de partir afin de laisser le charme opérer.

Vous trouverez ci-dessous les ingrédients, selon d'anciens grimoires, nécessaires à la confection de l'Huile de la Terre :

- Huile d'olive (1/8 de tasse)
- 4 gouttes d'huile essentielle de patchouli
- 4 gouttes d'huile essentielle de cyprès

Desseins magiques

Les sceaux planétaires, présents dans beaucoup de vieux grimoires étaient utilisés lors de certains rituels afin d'invoquer la force planétaire correspondante au but désiré. Pour cela on traçait le sceau planétaire sous le pentacle, puis on le détruisait par le feu une fois le rituel fini (afin de renvoyer la force planétaire invoquée).

Ils ne sont pas repris ici puisque tel n'est pas le but de cet ouvrage, mais vous les trouverez sous leur forme pure et originelle dans le *Grimoire d'Armadel*, tandis que le Sceau de Vénus est dans

celui du *Rutilio il Vecchio* (un manuscrit daté de 1571), où se trouvent d'ailleurs aussi repris tous les autres.

La méconnue « botanomancie »

C'est-à-dire la divination par les plantes... Cette pratique exigeait des connaissances en histoire naturelle, car elle était basée sur l'observation des phénomènes biochimiques que présentent certaines plantes. Par exemple, on sait que certaines fleurs ont aussi la propriété d'annoncer le changement de temps. Ainsi le souci d'Afrique peut être regardé comme un baromètre végétal par la propriété dont il jouit d'annoncer la pluie ou le beau temps ; le jour sera pur et serein si sa fleur s'épanouit de bonne heure ; par contre si elle reste fermée après sept heures du matin, on aura de la pluie. Ou encore la fleur du laiteron de Sibérie reste ouverte toute la nuit la veille des jours de pluie ; mais ces plantes ne sauraient indiquer les jours d'orage, tandis que les trèfles et l'oxalis replient leurs feuilles quelque temps avant les tempêtes, etc.

Les traditions lunaires

Bien entendu, les sorcières ne manipulaient que des plantes sauvages. Les traditions « magiques » ne souffrent aucune entorse à cette loi, car il s'agit bien d'une loi occulte incontournable : les plantes sont des êtres vivants soumis aux rythmes biologiques des saisons et aux aléas de la température et des modifications ioniques de l'atmosphère.

De ce fait, leur métabolisme n'est pas constant, à un niveau élémentaire, leurs qualités biochimiques en découlent naturellement. C'est un précepte fondamental.

De grandes précautions seront également prises pour apaiser l'esprit qui réside dans la plante et pour obtenir son champ magique de pouvoir intact. Une offrande de grains ou de miel est conseillée être donnée à la terre afin de remplacer la plante ou, éventuellement, quelques gouttes de sang répandues dans le sol afin de valider le « sacrifice » biologique en échange.

Comme l'explique Pierre Manoury dans son livre *Les plantes sorcières*, la plupart des auteurs anciens, s'accordent à de rares exceptions, pour conseiller de cueillir les plantes à la période de lune croissante car éminemment favorable à la cueillette des simples. Idéalement, à l'aurore, dès que surgissent les premiers rayons du soleil. Pourquoi précisément l'aube ? C'est en lien avec la tradition des heures magiques qui détermine que :

• la première heure du lundi, est d'influence lunaire,

• la première heure du mardi est sous la dépendance de Mars, du mercredi de Mercure, etc.

Pour rappel les correspondances sont les suivantes :

– Lundi = Lune
– Mardi = Mars
– Mercredi = Mercure

– Jeudi = Jupiter
– Vendredi = Vénus
– Samedi = Saturne
– Dimanche = Soleil.

Pline, dans le *Codex Vindobonensis*, et Apulée, s'accordent avec la tradition orale de la sorcellerie, pour préciser que le premier jour de la Lune est indiqué pour la récolte du gui, du chêne et de la valériane ; le premier, le neuvième, le onzième, le treizième pour la pervenche ; le troisième pour le concombre ; le troisième, le sixième, le neuvième, le quatorzième pour la chrysocanthe. Tandis que la tradition sorcière et le *Codex Atheniensis*, dans son Lunaire, signalent comme favorable à la cueillette de toutes les plantes médicinales, le septième jour de la Lune, soit son premier quartier. D'ailleurs, Hippocrate, dans sa lettre à Mécène, conseille de récolter toutes les simples pendant la période de croissance de la Lune, moment où les plantes sont dans la pleine possession de leurs vertus, alors que leurs forces déclinent inexorablement au déclin de la Lune. Connaissance profonde confirmée par la tradition sorcière occidentale et par de récentes études botaniques. Hermès Trismégiste, qui traite des plantes planétaires, recommande de choisir, soit le moment de la pleine lune, soit celui de la Lune ascendante où celle-ci se trouve dans le signe de la planète correspondante à la plante.

Voici comment concocter l'encens de la Lune selon d'antiques grimoires :
Graines de pavot blanc....... à parts égales

Storax .... à parts égales
Benjoin .... à parts égales
Camphre .... à parts égales
Renoncule .... à parts égales
Œillet rouge .... à parts égales

Faire une pâte avec du Sang de Dragon cueilli durant les signes zodiacaux correspondant à Vénus, laisser sécher puis réduire en poudre.

CHAPITRE 3

LA PHARMACIE DES SORCIÈRES

Datura stramonium.

Jusquiame noire.

La nature a prévu une véritable réserve magique avec les plantes qui couvrent notre planète. Depuis des temps immémoriaux, ces plantes ont été utilisées dans la magie, cet art méconnu d'opérer des métamorphoses grâce aux pouvoirs naturels. L'ensemble du règne végétal, arbres, plantes, racines et fleurs, sont donc une des bases des magies opératiques. De très nombreux rituels les utilisent sous forme d'infusions, de décoctions ou de chaudronnées magiques. Cependant, elles peuvent être utilisées pour la confection de grigris, de sachets ou d'enveloppes magiques.

Tous les magiciens de l'Orient ne manquent pas dans leurs conjurations de brûler des substances narcotiques, comme l'ellébore, le *Datura stramonium,* la jusquiame, l'aconit, la belladone, la mandragore, le pavot, et une foule de solanées. Les faquirs, les derviches, les santons, les *kalenders*, les bonzes, les *sannyasis*, se procurent à volonté des extases, des crises nerveuses, des délires réputés sacrés, mille visions fantastiques, avec des pilules d'esrar, l'opiat de Perse, le piripiri, ou des préparations analogues...

Lorsqu'on utilise des plantes en magie, on ne les choisit pas n'importe comment. Des connaissances botaniques sont totalement insuffisantes. Chaque ingrédient issu de la Nature est porteur d'énergies invisibles et d'affinités particulières. Il faut donc connaître leurs correspondances vibratoires, que le quidam considère comme magiques. Suivant le but à atteindre, elles sont donc rigoureusement choisies, cueillies et associées. La date, la saison et même l'heure de la cueillette sont capitales. Mais le rituel de consécration est déterminant pour créer l'efficacité énergétique recherchée.

Dans le livre *Encyclopédie des plantes magiques*, Scott Cunningham explique :

« Certaines matières contiennent davantage de pouvoir que d'autres, notamment les plantes, les pierres précieuses et les métaux. Chaque substance renferme également différents types de pouvoirs ou de vibrations. Les vibrations émises par une pièce de bois de pin, par exemple, sont très différentes de celles qu'émet un diamant pur et parfaitement facetté. Le taux de vibrations est déterminé par plusieurs facteurs : la composition chimique, la forme, la densité, etc. Le pouvoir des herbes est conditionné par le lieu où elles croissent, par leur parfum, leur couleur et par bien d'autres facteurs encore. Des substances identiques émettent généralement les mêmes vibrations. Enfin, la magie des plantes est l'art d'user de celles-ci pour provoquer des métamorphoses indispensables. Les plantes contiennent des énergies et chacune d'elles présente autant de diversité qu'un visage humain. Pour obtenir un effet maximal, les herbes choisies devront émettre des vibrations accordées à vos besoins. Le cèdre est idéal pour attirer l'argent mais il ne sera d'aucune aide dans l'accroissement de la fertilité. »

Le mage du XVIe siècle, Agrippa von Netteshaim, donne la recette de fumigation d'herbes traditionnelle dont la fumée causera instantanément l'apparition de démons et esprits de l'Autre-Monde : elle est composée de coriandre, céleri, jusquiame noire et ciguë, plantes qui doivent être totalement séchées et brûlées sur des braises rougeoyantes.

Belladone.

À travers les textes anciens

On pourrait citer, parmi les traces que la littérature nous a laissées, le documentaliste et poète Ovide. En effet, au VIIe livre des *Métamorphoses*, Ovide décrit les cérémonies et les ingrédients par lesquelles la magicienne Médée, sollicitée par Jason pour rajeunir son père Éson, se prépare à réaliser cette œuvre prodigieuse. La tâche essentielle ne consiste pas, comme on pourrait le croire, à découvrir et à cueillir les simples, dont les sucs et les baies écrasées, mêlées à d'autres substances, doivent remplacer le sang épuisé du vieillard. Leur vertu tient à l'observance de toute une série de rites étranges, accomplis avant et après la cueillette des plantes.

Suivant Asclépiade plusieurs plantes étaient douées de vertus magiques. Ainsi l'élhiopis, que le père Hardouin dit avoir vu au Jardin du Roi jouissait de la propriété de tarir les fleuves et les étangs, et d'ouvrir, par le contact, tous les lieux fermés. La lalacée produisait l'abondance.

La magicienne va choisir une nuit où la pleine lune brille de tout son éclat laiteux. Pieds nus, en contact direct avec la terre, Médée erre à travers les collines, à demi-nue, ses bras tendus vers les astres, elle tourne trois fois sur elle-même et trois fois elle s'asperge d'une eau puisée à un cours d'eau, en poussant plusieurs fois un triple cri rituel dans le silence nocturne. Puis elle s'agenouille et elle adresse à la Nuit, aux astres, à Hécate (la déesse Lune), à la Terre qui produit les simples, à toutes les divinités de la Nature, une prière fervente qui ressemble plutôt à un ordre magique. En d'autres termes, Médée exige que la Nature lui fournisse les sucs exacts dont elle a besoin.

Alors, réalisant le prototype même des « voyages » qu'au Moyen Âge on attribuera aux sorcières, elle s'élève dans les airs sur un char emporté par des dragons ailés. Arrivée en Thessalie, c'est là où elle trouvera les racines des plantes magiques et coupera avec une faucille d'airain les herbes efficaces nécessaires au rituel sacré. Neuf jours et neuf nuits sont consacrés à cette récolte magique. Retournant alors à Iolcos, elle se garde de ne surtout pas pénétrer dans une habitation et d'entrer en rapport avec un être humain. Sa « virginité » magique doit rester totale avant de procéder à l'opération de transformation des plantes cueillies qui vont être employées à rajeunir Éson...

Ovide nous livre sa liste d'ingrédients puisée au fond mythologique :

« Échevelée, comme font les bacchantes, Médée court tout autour des autels embrasés, trempe aux fossés sanglants des torches en lanières, les allume aux autels, et, trois fois chaque fois, au feu, au soufre, à l'eau purifie le vieillard, tandis qu'en un chaudron d'airain un puissant philtre frémit,

Médée rajeunissant Éson, père de Jason.

déborde, écume et blanchit. Elle y cuit des racines coupées dans le val d'Hémonie, des semences, des fleurs et de noirâtres sucs, y jette des cailloux venus d'Extrême-Orient, du sable relavé aux marées océanes, du givre recueilli par nuit de pleine lune, et la chair d'une strige et ses ailes maudites, les entrailles d'un loup-garou changeant sa forme, d'homme en bête et l'inverse, et n'oublie pas d'y joindre la peau squameuse d'un chélydre du Cinyps, le foie d'un très vieux cerf, ni le bec et la tête d'une corneille ayant vécu neuf fois cent ans... »

Le calendrier des sorcières

L'année sorcière comporte 21 célébrations, constituées de 8 Sabbats et 13 Esbats de pleine lune. Certains pratiquants de l'Art célèbrent aussi les 13 Esbats de nouvelle lune, dans un but d'équilibre, ce qui amène à un total de 34 célébrations. Les 8 Sabbats habituellement célébrés sont une synthèse de deux cycles : le cycle celtique, lunaire, et le cycle germanique, solaire. Dans l'ordre il s'agit de :

– Samhain (31 octobre)
– Yule (vers le 21 décembre)
– Imbolc (2 février)
– Ostara (vers le 21 mars)
– Beltane (1er mai)
– Litha (vers le 21 juin)
– Lughnasadh (1er août)
– Mabon (vers le 21 septembre)

Les Esbats sont des fêtes dédiées à la Lune et donc à la Déesse dont elle est le symbole. La pleine lune symbolise la Déesse dans son aspect de mère. Les Esbats de pleine lune sont donc des jours dédiés à la fertilité.

C'est lors de la fête de Litha, au solstice d'été que vous récolterez les herbes magiques destinées à vos philtres, encens, sachets, potions et autres concoctions, mais aussi les herbes médicinales qui sont réputées plus puissantes sous ces énergies. Certaines devront être cueillies au lever du Soleil, d'autres à midi, d'autres au coucher, et d'autres enfin à minuit. C'est aussi à Litha que beau-

coup de sorciers et sorcières coupent la branche qui servira à fabriquer leur baguette. Enfin Litha est une très bonne journée pour tous les sorts, rituels, préparations de philtres et potions.

Féminité, plantes et sorcellerie

En pleine période d'Inquisition, certains font un lien rapide et simpliste entre la femme, réputée siège des forces obscures situées hors du rationnel, et son rôle économique souvent appelé à cultiver les espèces végétales. Ce qui amenait un autre raccourci logique entre un don naturel féminin pour deviner ce qui est caché, percer les mystères de la vie et la découverte des vertus curatives et magiques de certaines plantes. Cet étroit contact avec la nature pouvait ainsi leur donner des pouvoirs inspirant à la fois la crainte et le respect. Symbole de vie et de mort, la femme enfantait et présidait aux rituels funéraires, transmettant oralement ses secrets de guérisseuse.

Dans le folklore germanique, le savoir populaire des plantes était transmis aux sorcières par Dame Holda, sur la Montagne de Vénus, comme une partie de leur initiation. De même, dans la tradition populaire allemande, l'Homme Sauvage ou l'Homme Vert des bois passe pour être un maître de la connaissance des herbes et de la magie verte.

Les soi-disant magiciennes, enchanteresses, et consorts se vantaient encore d'éteindre ou de faire naître l'amour au moyen de certains breuvages qu'elles nommaient philtres, souvent concoctés avec des plantes délétères qui produisaient des empoisonnements très rapides. C'est ainsi que périrent Lucullus et Properce ; Ferdinand-le-Catholique mourut des suites d'un pareil breuvage que lui fit prendre sa seconde femme Germaine de Foix qui voulait enfanter un garçon. Suivant la dose et la nature de ces plantes, qui probablement devaient appartenir à la classe des narcotiques, les malheureux qui avaient été ainsi empoisonnés, entraient dans un terrible état de fureur.

Parlons un peu des représentations littéraires de la magie où ses ingrédients merveilleux transposent la puissance de la Nature dans les concoctions romancées des sorcières. L'animal magicien s'ajoute aux plantes car il est lui-même un témoin de cette puissance universelle. L'homme et la femme magiciens sont à leur tour des êtres dont l'extraordinaire repose en partie sur des matières et des pouvoirs merveilleux qui, dans certains processus, leur permettent de soumettre la Nature elle-même.

Le vocabulaire sorcier

Vous trouverez ci-après un tableau récapitulatif du vocabulaire vernaculaire et pittoresque donné au fil du temps à bon nombre de végétaux et qui n'ont eu de cesse d'alimenter le folklore sorcier dans l'esprit populaire. Il est extrait du *Guide complet de la sorcellerie* de Buckland consacré à la sorcellerie et aux plantes de la Wicca.

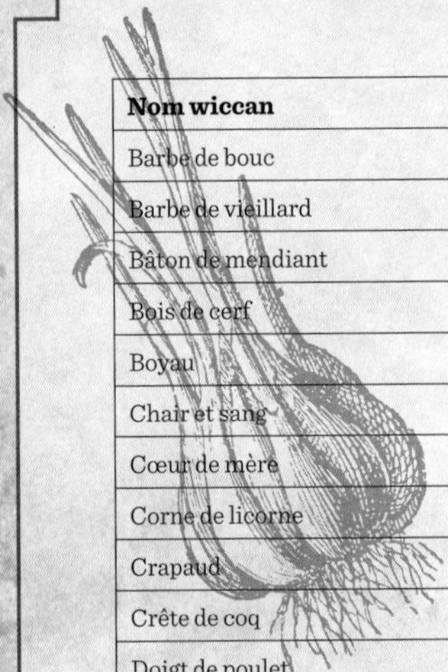

Nom wiccan	Nom commun	Nom latin
Barbe de bouc	Salsifi cultivé	*Tragopogon porrifolius*
Barbe de vieillard	Arbre à franges	*Chionanthus virginicus*
Bâton de mendiant	Bident feuillu	*Bidens frondosa*
Bois de cerf	Lycopode en massue	*Lycopodium clavatum*
Boyau	Téphrosie de Virginie	*Tephrosia virginiana*
Chair et sang	Potentille tormentille	*Potentilla tormentilla*
Cœur de mère	Bourse-à-pasteur	*Capsella bursa-pastoris*
Corne de licorne	Hélonie	*Helonias vulgaris*
Crapaud	Linaire vulgaire	*Linaria vulgaris*
Crête de coq	Rhinanthe crête-de-coq	*Rhinanthus cirsta galli*
Doigt de poulet	Racine de corail	*Corallorhiza odontorrhiza*
Doigt/gant de fée/doigts saignants	Digitale pourprée	*Digitalis purpurea*
Griffe de dragon	Corallorhize	*Corallorhiza odontorrhiza*
Groin de porc	Pissenlit	*Tarxacum dens leonis*
Gueule de serpent	Stellaire	*Stellaria media*
Lait de chat	Euphorbe réveille-matin	*Euphorbia helioscopia*
Lait de vipère	Euphorbe pétaloïde	*Euphorbia corollata*
Langue d'oiseau	Frêne européen	*Fraxinus excelsior*
Langue de bœuf	Buglosse officinale	*Anchusa officinalis*
Langue de cabot	Liatris odorant	*Liatris odoratissima*
Langue de cheval	Scolopendre	*Scolopendrium vulgare*
Langue de chien	Orchis grenouille	*Coeloglossum officinale*
Langue de lézard	Sauroglosse	*Sauroglossum*
Langue de mouton	Plantain étroit	*Plantago lanceolata*
Langue de serpent	Ophioglosse	*Ophioglossum vulgatum*
Langue de vipère	Ail-doux	*Erythronium americanum*
Museau de veau	Lin sauvage	*Linaria vulgaris*
Nourriture de serpent	Orchidée	*Microstylis ophioglossoides*
Œil d'oiseau	Hellébore blanc	*Adonis vernalis*
Œil de chat	Scabieuse étoilée	*Scabiosa stellata*
Œil de dragon	Longane	*Nephalium loganum*

Nom wiccan	Nom commun	Nom latin
Oreille d'âne	Consoude officinale	*Symphytum officinale*
Oreille d'écureuil	Goodyérie rampante	*Goodyera repens*
Oreille d'ours	Auricule	*Primula auricula*
Oreille de Juda	Champignon de sureau	*Peziza auricula*
Oreille de souris	Épervière piloselle	*Hieracium pilosella*
Patte d'oie puante	Chénopode puant	*Chenopodium foetidum*
Patte d'ours	Pied-de-griffon	*Helleborus foetidus*
Patte de chat	Asaret du Canada	*Asarum canadense*
Patte de colombe	Géranium des bois	*Geranium sylvaticum*
Patte de corbeau	Géranium maculé	*Geranium maculatum*
Patte de grenouille	Renoncule bulbeuse	*Ranunculus bulbosus*
Patte/pied de chat	Lierre terrestre	*Nepeta glechoma*
Pied d'âne/de bœuf	Tussilage	*Tussilago farfara*
Pied de canard	Mandragore	*Podophyllum peltatum*
Pied de chèvre	Herbe aux goutteux	*Aegopodium podograria*
Pied de lapin/lièvre	Trèfle des champs	*Trifolium arvense*
Pied de loup	Lycope de Virginie	*Lycopus virginicus*
Queue de cheval	Prêle d'hiver	*Equisetum hyemale*
Queue de lézard	Lézardelle penchée	*Saururus cernuus*
Queue de renard	Lycopode en massue	*Lycopodium clavatum*
Queue de souris	Orpin âcre	*Sedum acre*
Queue de vache	Vergerette du Canada	*Erigeon canadense*
Résine des aborigènes	Zanthorriza à feuilles de céleri	*Xanthorrhoea arborea*
Ruche	Luzerne cultivée	*Medicago scutellata*
Tête de nègre	Palmier à ivoire	*Phytelephas macrocarpa*
Tête de tortue/serpent	Galane glabre	*Chelone glabra*
Yeux de bœuf	Souci des marais	*Caltha palustris*
Yeux de singe	Pois mascate	*Mucuna pruriens* (graines)

CHAPITRE 4
LE POUVOIR DES ARBRES

« Les arbres en particulier étaient mystérieux et me semblaient des incarnations directes du sens incompréhensible de la vie. Pour cette raison, les bois étaient l'endroit où je me sentais le plus proche de son sens le plus profond et de son fonctionnement impressionnant. »

C. G. Jung, *Ma vie, Souvenirs, rêves et pensées*

Les arbres recèlent une sagesse et une science surhumaines. Chez les anciens, Grecs et Latins, comme chez d'autres peuples, des bois étaient consacrés à des divinités : ils symbolisaient la demeure mystérieuse du Dieu. Sénèque en a fait une belle évocation dans ses *Lettres à Lucilius* : « Ces bois sacrés peuplés d'arbres antiques d'une hauteur inusités où les rameaux épais superposés à l'infini dérobent la vue du ciel, la puissance de la forêt et son mystère, le trouble que répand en nous cette ombre profonde qui se prolonge dans les lointains, tout cela ne donne-t-il pas le sentiment qu'un dieu habite en ce lieu ? ».

Chaque dieu a son bois sacré : s'il y inspire une crainte révérencielle, il y reçoit les hommages et les prières. Les Romains ne pouvaient ni couper, ni émonder les arbres des bois sacrés sans sacrifice expiatoire. La forêt, ou le bois sacré, est un centre de vie, une réserve de fraîcheur, d'eau et de chaleur associées, comme une sorte de matrice. Aussi est-elle encore un symbole maternel. Elle est la source d'une régénérescence. Elle intervient souvent en ce sens dans les rêves, trahit un désir de sécurité et de renouvellement. Elle est une expression très forte de l'inconscient.

Ces croyances concernant les arbres, leurs propriétés magiques et les esprits qui résident en eux, sont aussi anciennes et répandues qu'il est impossible de faire plus ici que donner un très bref aperçu de la tradition des arbres et de ses liens avec la sorcellerie. Elliott O'Donnell, auteur de nombreux recueils d'histoires de fantômes, a également écrit un livre fascinant *Strange Cults and Secret Societies of Modern London.* Il y utilise un terme étrange pour décrire certains arbres hantés par les esprits : stichimonieux issu de *stichios* qui décrit en Grèce moderne, une créature ou un spectre, une âme errante, un fantôme flou, parfois invisible, qui prend à d'autres moments les formes les plus variées. Lorsqu'un arbre est « stichimonieux », il est dangereux pour l'homme !

Un arbre est bien davantage que des racines, un tronc, des branches et des feuilles...

AMANDIER *(AMYGDALUS COMMUNIS)*

Ses autres noms : mellé, omillié, alemandier, mandolin, émandre, amone.

Botanique et particularités

L'arbre est de taille moyenne, généralement de 3 à 6 m de haut, avec des branches étalées. Les fleurs sont produites avant les feuilles début mars ; et en grande profusion. Il existe deux formes principales de l'amande : celle à fleurs entièrement roses, *Amygdalus communis* var. *dulcis*, produisant des amandes douces ; l'autre, *A. communis* var. *amara*, produisant des amandes amères. Pour ce dernier, la prudence est de mise car ses fruits possèdent des propriétés toxiques dangereuses.

Usages thérapeutiques

Lorsque les amandes sont pilées dans l'eau, l'huile s'unit au liquide, formant le lait d'amande, une boisson rafraîchissante, prescrite pour les maladies aiguës et inflammatoires. Par leur caractère huileux, les amandes douces soulagent parfois immédiatement les brûlures d'estomac. L'huile d'amande, elle est particulièrement adoucissante pour la peau et calme les démangeaisons cutanées. Concernant la variété des amandes amères, dont les propriétés toxiques étaient bien connues des anciens, on les utilisait dans les fièvres intermittentes, comme vermifuge et comme remède contre l'hydrophobie. Cependant, du fait de l'incertitude de leur emploi et du risque associé, nous les voyons rarement administrés aujourd'hui.

Pratiques de sorcellerie

Sert à fabriquer des baguettes pour les rituels de chance régis par mercure et Jupiter. L'amande, tout comme les feuilles et le bois de l'arbre, sont à utiliser lors des rituels de prospérité et d'argent.

Pratiques magiques et protectrices

Traditionnellement, en Haute-Provence, il est dit que grimper dans un amandier est censé assurer le succès dans les affaires. Dans la région de Nîmes, s'endormir sous ses frondaisons à l'heure de midi permet de voir en rêve l'issue, positive ou négative, du problème financier dans lequel on est engagé. Mettre des amandes dans sa poche est par contre censé mener à des trésors.

Histoires de rituels

Il est mentionné dans les Écritures comme l'un des meilleurs arbres fruitiers du pays de Canaan, et il existe de nombreuses autres références bibliques. Le nom hébreu, *shakad*, est très expressif : il signifie « réveil précipité » un nom approprié pour un arbre, dont les belles fleurs apparaissant en Palestine en janvier, annoncent le réveil, la création.

Correspondances occultes

Correspond à Hermès-Mercure et Horus, régi par l'élément air.

AUBÉPINE *(CRATAEGUS LAEVIGATA)*

Ses autres noms : blanche épine, épine de mai, noble épine, sable épine, chaste épine, buisson de mai.

Botanique et particularités

L'aubépine ou épine blanche est un petit arbre pouvant mesurer de 6 à 10 m de haut, bien connu pour sa présence fréquente dans les haies et les lisières de bois. On la remarque également pour sa rusticité, en effet l'aubépine peut résister à des températures allant jusqu'à – 20 °C.

Usages thérapeutiques

Plante de tous les troubles cardiaques par excellence, l'aubépine agit au travers d'une multitude de composants, nourrit et régénère. Elle a un effet cardioprotecteur, ce sera donc l'une des plantes essentielles de soutien pour les gens souffrant d'angine de poitrine ou ayant souffert d'une crise cardiaque. Outre le caractère antioxydant, l'aubépine renforce la structure même des artères.

Pratiques de sorcellerie

Pour la fête de Beltane, voici la composition de l'encens rituellique : mélangez un peu de sciure ou de copeaux de bois à un mélange de quatre parts de bois d'aubépine, une part de pétales de fleur d'aubépine, une part de feuilles de lierre séchées et broyées, et 10 gouttes d'huile essentielle de jasmin. Cet encens est à utiliser sur un charbon ardent comme les encens en grains classiques.

Pratiques magiques et protectrices

L'aubépine est dédiée aux fées et elle fait partie des trois arbres de la triade féerique en Angleterre : chêne, frêne, et aubépine. Lorsque ces trois arbres poussaient ensemble, il était dit que l'on pouvait alors voir des fées. Tout jardin de sorcière avait sa haie d'aubépines, mais, à l'approche des inquisiteurs, cette bordure révélatrice avait la faculté magique de se transformer en une innocente haie de ronces ou de groseilliers.

Histoires de rituels

Diodore de Sicile rapporte que les troglodytes posaient la tête de leurs morts entre les jambes et les liaient dans cette position avec des branches d'aubépine.

Le matin de Beltane est le seul durant lequel on peut couper des branches d'aubépine sans mettre en colère les fées qui y habitent.

Correspondances occultes

L'arbuste est associé au feu, à Mars et aux déités Cardea, Flora et Hymen.

BENJOIN *(STYRAX BENZOIN)*

Ses autres noms : aliboufier, arbre sacré, baumier de Java ou du Siam, copalme.

Botanique et particularités

Le benjoin est une résine balsamique issue du styrax à benjoin. Cet arbre buissonnant à écorce grise originaire du Siam (Thaïlande) et de Sumatra, peut atteindre 9 m de haut. Ses branches portent des feuilles simples et des grappes courtes de petites fleurs blanches odorantes, en forme de clochettes. Le benjoin est recueilli par incision du tronc du styrax.

Usages thérapeutiques

Utilisé de façon externe, c'est un excellent antibactérien et astringent pour la peau. L'extrait de sa résine est quand même plus reconnu comme un agent décongestionnant très efficace pour les bronches. On l'ajoute aux vaporisateurs afin d'ouvrir les alvéoles pulmonaires. Il combat aussi de façon remarquable les infections pulmonaires. Son utilisation était courante en médecine en raison de ses propriétés antiseptiques et cicatrisantes.

C'est également un excellent fixatif d'odeur.

Pratiques de sorcellerie

La fumée de l'encens de benjoin est réputée aider à avoir des visions en lien avec son évolution spirituelle, car il favorise l'évolution personnelle et le développement spirituel.

Pratiques magiques et protectrices

Une tradition populaire des pays du Levant consiste à placer les liasses de billets de banque dans un sac qui contiendra des grains de benjoin : non seulement l'argent fructifiera, mais il ne servira jamais à autre chose qu'à faire le bien.

Histoires de rituels

C'est un important protecteur et purificateur de la maison, il éloigne les mauvais esprits mais est principalement utilisé pour « nettoyer » un corps, un lieu ou un objet des énergies négatives qui auraient pu s'accumuler à la suite de conflits, de disputes, ou issues des désordres psychiques et émotions négatives que nous créons nous-mêmes.

Correspondances occultes

Relié au Soleil et à l'élément air, le benjoin dépend des déesses Aphrodite et Minerve et du dieu Mercure.

BOULEAU *(BETULA ALBA)*

Ses autres noms : béta, bédula, biscus, fédula, pëtou, booule, béolle, brèl, bouyane, bois à balais, sceptre des maîtres d'école, bois blanc, blanc, bian, bouleau blanc, aulne blanc, arbre de la sagesse, biole, boule, bouillard.

Botanique et particularités

Le bouleau blanc est un arbre pouvant atteindre 30 m de haut, bien connu sous nos latitudes. Son écorce blanche qui pèle le rend aisément reconnaissable. L'écorce imperméable du bouleau donne un goudron utilisé pour apprêter, parfumer et protéger le cuir de Russie.

Usages thérapeutiques

En usage interne, on utilise le bouleau pour soigner l'arthritisme, l'hypercholestérolémie, les rhumatismes goutteux, l'excès d'acide urique, les coliques néphrétiques, l'obésité, l'hypertension et ses troubles, les parasites intestinaux, les fièvres intermittentes et certains cas de cellulite.

En usage externe, on utilise le bouleau pour traiter les dermatoses, les adénites et les plaies. On s'en sert aussi pour effacer les taches de rousseur.

Pratiques de sorcellerie

Il sert à fabriquer des baguettes pour les rituels de guérison et la magie « blanche ». Quant au balai traditionnel des sorcières, il était constitué de brindilles de bouleau afin de purifier la zone balayée.

Pratiques magiques et protectrices

Les brindilles de bouleau sont utilisées pour exorciser les esprits des personnes ou des animaux légèrement possédés. Le bouleau est en effet une plante purifiante. C'est aussi un arbre protecteur. Les Russes ont l'habitude de suspendre un ruban rouge autour du tronc d'un bouleau pour se protéger du mauvais œil. Si vous pensez subir une attaque psychique, ajoutez des copeaux d'écorce de bouleau à vos sorts de protection ou buvez de la bière de bouleau (faite à partir de la sève fermentée).

Histoires de rituels

En Russie, on coupait de jeunes bouleaux et on les disposait en cercle, la partie tranchée du tronc tournée vers le milieu. Les villageois entraient alors dans le cercle et, se regardant les uns les autres entre les jambes, ils disaient :

« Oncle Lieschyï, montre-toi. Non pas comme un loup gris ! Non pas comme du feu ardent ! Mais semblable à moi. »

Alors les feuilles des bouleaux coupés se mettaient en mouvement, et le Lieschyï (ou esprit de la forêt) apparaissait sous une forme humaine, tout disposé à rendre service à ceux qui l'avaient invoqué.

Correspondances occultes

Doublement associé au Soleil et à la Lune, le bouleau est également relié à Vénus et au dieu Thor, son élément est l'eau.

CÈDRE DU LIBAN *(CEDRUS LIBANI)*

Ses autres noms : arbre de vie, *Arbor vitae, american Arbor vitae, Cedrus lycea, Western Arbour vitae,* faux cèdre blanc, hackmatack, thuya du Canada, lebensbaum.

Botanique et particularités

L'arbre a été décrit comme *arbor vita* par Clusius, qui l'a vu dans le jardin royal de Fontainebleau après son importation du Canada. Il a été introduit en Grande-Bretagne vers 1566.

En raison de la taille considérable de sa variété la plus connue, le cèdre du Liban, on en fait un emblème de la grandeur, de la noblesse, de la force et de la pérennité. Mais il est plus encore, de par ses propriétés naturelles, un symbole d'incorruptibilité.

Usages thérapeutiques

Aromatique, astringent, diurétique, les rameaux peuvent provoquer un avortement, comme ceux du savin, par action réflexe sur l'utérus suite à une irritation gastro-intestinale sévère. La fenchone et la thuyone stimulent le muscle cardiaque. La décoction a été utilisée dans les fièvres intermittentes, les rhumatismes, l'hydropisie, la toux, le scorbut et comme emménagogue. Les feuilles, transformées en pommade avec de la graisse, sont une application locale utile dans les rhumatismes.

Pratiques de sorcellerie

Pour protéger son logis contre les mauvais génies, il était conseillé de planter devant la porte une fourche en bois de cèdre, les dents en l'air et pointées dans la direction d'où viennent habituellement les esprits. Une bûchette de ce bois était réputée attirer l'argent, aussi en mettait-on dans les coffres. Et on en brûlait tout en prononçant des vœux de prospérité matérielle.

Pratiques magiques et protectrices

Non seulement la fumée de cèdre purifie, mais elle chasse aussi les mauvais rêves. Les Amérindiens le savaient : ils faisaient un grand feu de cèdre sur un rocher plat ; quand la pierre était brûlante, ils y jetaient des seaux d'eau et se précipitaient tout nus dans la vapeur aromatique.

Histoires de rituels

Lorsque David voulut faire élever un palais à Jérusalem, ce fut dans les forêts du Liban qu'il envoya chercher, avec l'accord du roi de Tyr, des bois de cèdre odorant pour en faire la charpente. Quelques années plus tard, Salomon fit aussi venir du Liban les bois de construction nécessaires à l'édification du temple de Jérusalem.

Correspondances occultes

Le cèdre est associé au Soleil et au feu.

CHÊNE *(QUERCUS)*

Son autre nom : écorce de tanneur.

Botanique et particularités

Le chêne est un arbre à feuilles caduques qui pousse naturellement dans les forêts tempérées d'Europe et d'Amérique du Nord pouvant atteindre 40 m de haut. Ses branches portent des feuilles allongées lobées, et des glands qui permettent de le reconnaître facilement.

Le chêne commun, ou *British Oak*, fut pendant de nombreux siècles le principal arbre forestier de l'Angleterre. Il est intimement lié à l'histoire de ces îles depuis l'époque druidique.

Usages thérapeutiques

En usage interne, le chêne peut être utilisé pour traiter les hémorroïdes, les leucorrhées, les hémorragies, la paresse digestive, la dysenterie, et l'incontinence urinaire. En usage externe, le chêne peut être utilisé pour soigner les angines, les stomatites, les pharyngites, les ulcères atones, les engelures, les dermatoses et la transpiration des pieds.

Pratiques de sorcellerie

À l'occasion de Yule, on allume une bûche de chêne dans la cheminée pour symboliser la réincarnation du Dieu au sein du feu sacré de la Déesse. Les tisons de la bûche mise à brûler servent traditionnellement pour le reste de l'année à tracer les cercles et à former des cachets. Le chêne sert aussi à faire des baguettes pour les rituels druidique et la magie solaire.

Pratiques magiques et protectrices

Arbre sacré dans de nombreuses traditions, le chêne est investi des privilèges de la divinité suprême du ciel, sans doute parce qu'il attire la foudre et qu'il symbolise la majesté : chêne de Zeus à Dodone, de Jupiter Capitolin à Rome, de Ramowe en Prusse, de Perun chez les Slaves. La massue d'Hercule est en chêne. Il indique particulièrement solidité, puissance, longévité, hauteur, au sens spirituel autant que matériel.

À l'époque gréco-romaine, porter sur soi un gland de chêne indiquait que l'on était un disciple des dieux Jupiter, Zeus ou Odin.

Histoires de rituels

Le chêne ayant une durée de vie très longue, il a très vite été naturellement utilisé pour la protection magique. Par exemple, deux petites branches de chêne liées en croix par un lien rouge, constituent une protection contre le mal.

Aussi, planter un gland lors de la nouvelle lune est dit assurer de recevoir de l'argent dans un futur proche.

Correspondances occultes

Le chêne est associé au Soleil et à l'élément feu, et ses déités sont Zeus, Jupiter, Odin, Pan, Thor. Il correspond à la fête de Yule (solstice d'hiver).

CYPRÈS *(CUPRESSUS SEMPERVIRENS)*

Ses autres noms : ciprié, cépressié, aciрré, archiprié, cyprès ordinaire, cyprès toujours vert, cyprès sempervirent.

Botanique et particularités

Le cyprès, est un grand conifère (jusqu'à 40 m de haut) « toujours vert », d'où son nom *sempervirens*.

Usages thérapeutiques

En usage interne, le cyprès est utilisé contre l'hémoptysie, les hémorroïdes, les varices, les troubles ovariens, et il est une aide au moment de la ménopause. On l'utilise aussi dans le traitement de la coqueluche, de la grippe, de l'énurésie, des rhumatismes et de l'irritabilité. En usage externe, le cyprès est utilisé pour soigner les hémorroïdes et la transpiration des pieds.

Pratiques de sorcellerie

Pour recevoir la sagesse de la Déesse, il est proposé de brûler les feuilles comme un encens ou bien enduire des bougies violettes avec de l'huile de cyprès avant un rituel dans ce but. Pour renvoyer un mauvais sort à son expéditeur, lors du rituel de contre envoûtement, la tradition évoque l'emploi d'une chandelle noire ointe avec de l'huile de cyprès.

Pratiques magiques et protectrices

Il est conseillé de n'utiliser le cyprès qu'en temps de crise et, notamment, la mort d'un ami ou d'un proche. Il soulage l'esprit, et allège la peine si on le porte sur soi au moment des funérailles. Et, si vous voulez que le défunt ait chance et amour dans l'après vie, jetez dans sa tombe un brin de cyprès. Le cyprès est un arbre protecteur lorsqu'il pousse près de la maison.

Le cyprès étant aussi un symbole d'éternité et d'immortalité, on a longtemps porté son bois pour prolonger la vie.

Histoires de rituels

Un fort bâton, taillé dans la troisième branche en partant du bas, est connu sous le nom de « canne de guérison ». Seul un guérisseur agréé par les autorités a le droit de s'en servir. Il pratique des passes sur la personne malade, touche les parties concernées du bout de son bâton qu'il plonge aussitôt dans un feu de sarments de vigne. Seul « le mal » est dévoré par les flammes, la canne elle-même étant parfaitement ignifugée.

Correspondances occultes

Le cyprès est relié à la mort, à Saturne et aux déités Mithra, Pluton, Aphrodite, Apollon, Artémis, Cupidon, Jupiter, la triple Hécate...

FRÊNE *(FRAXINUS)*

Ses autres noms : fraisse, frexo, hracho, fréchô, frâgne, aréchou, rèche, cantaridier, oyarde, arbre à regrets, tantaliké.

Botanique et particularités

L'espèce la plus connue en France est le frêne élevé *(Fraxinus excelsior)*. Toutefois les magiciens européens se sont servis plutôt des frênes à fleurs des régions méditerranéennes, dit frênes à la manne ; tels sont les *Fraxinus ornus* et *F. rotundifolia*.

Usages thérapeutiques

Les macéras préparés avec les bourgeons, ou les feuilles en infusion, soignent tous les problèmes articulaires, préviennent les rhumatismes et la goutte, mais aussi soignent entorse ou tendinite. La sève séchée de l'arbre est un bon édulcorant et également un laxatif doux spécialement adapté pour les enfants.

Pratiques de sorcellerie

Jadis les sorcières, rejetées par les communautés humaines, vivaient isolées et se réunissaient ponctuellement, notamment sous des frênes, et à des occasions particulières. Elles utilisaient aussi les branches du frêne pour confectionner leurs baguettes et leurs balais.

Pratiques magiques et protectrices

Des feuilles de frêne placées sous l'oreiller favorisent les rêves prophétiques. Un bâton taillé dans son bois et suspendu au-dessus de la porte vous gardera des influences malignes ; de même qu'un bracelet d'écorce porté sur soi était jadis supposé protéger contre les pouvoirs négatifs, des ensorcellements et des conjurations. Des feuilles peuvent également être dispersées aux quatre coins de la demeure pour la protéger, ou être placées dans des sachets protecteurs.

Histoires de rituels

Toute sa symbolique se rattache aux mythologies germaniques et scandinaves. D'ailleurs, selon une croyance populaire norvégienne, lors des longues soirées d'hiver, nombreux étaient ceux qui sculptaient poupées et statuettes dans ses racines. La tâche n'était pas aisée car le bois est excessivement dur – l'un des plus durs que l'on puisse trouver. Mais la légende de leurs pouvoirs valait bien ces efforts car ces poupées agissent comme médiatrices entre votre foyer et les mondes supérieurs.

Correspondances occultes

Sa planète est le Soleil. Son élément est donc le feu, et ses divinités Odin et ses trois femmes : Lord (la terre inhabitée), Frigg (la terre cultivée) et Ring (la terre engourdie par l'hiver).

MARRONNIER *(AESCULUS HIPPOCASTANUM)*

Ses autres noms : amarounié, châtaignier d'Ingue, macaronié, châtaignier de cheval, marronnier d'Inde, marronnier blanc.

Botanique et particularités

Il est originaire du nord et du centre de l'Asie, d'où il a été introduit en Angleterre vers le milieu du XVIe siècle. Le tronc de l'arbre est dressé et colonnaire et pousse très rapidement à une grande hauteur – jusqu'à 30 m – avec des branches largement étalées. L'écorce est lisse et de couleur vert grisâtre : elle a d'ailleurs été utilisée avec un certain succès dans la teinture jaune. Le bois, tendre et spongieux, est très peu utilisé pour le bois mais plutôt pour des caisses d'emballage.

Usages thérapeutiques

L'écorce a des propriétés toniques, narcotiques et fébrifuges et est utilisée dans les fièvres intermittentes sous formes d'infusions.

Les fruits ont été employés dans le traitement des rhumatismes et des névralgies, ainsi que dans les affections rectales, les hémorroïdes, les troubles ménopausiques, la varicocèle, la congestion du foie, la congestion prostatique et du petit bassin.

Pratiques de sorcellerie

Pour favoriser une ambiance amoureuse, gravez sur un marron vos initiales et celles de la personne que vous aimez, puis grillez-le sur un feu. Dès que l'écorce éclate on prétend que les cœurs s'ouvrent et sont réceptifs à l'amour. Enfin on en offrait aux dieux pour les remercier de leur aide.

Pratiques magiques et protectrices

On prétend qu'il est bon de porter sur soi le marron d'Inde pour prévenir les rhumatismes, les maux de reins, l'arthrite et les refroidissements. Trois marrons que vous garderez sur vous vous mettront à l'abri des étourdissements.

D'autre part, un marron enveloppé dans un billet de banque et placé ensuite dans un sachet à garder sur soi est réputé attirer l'argent. On affirme d'ailleurs pouvoir compter sur le marron d'Inde pour garantir n'importe quelle sorte de succès.

Histoires de rituels

Depuis le XVIe siècle, la tradition dit que garder dans ses poches 2 ou 3 marrons protège des fièvres épidémiques, des vertiges, des rhumatismes, des maux de dos et de l'arthritisme.

Correspondances occultes

Le marronnier est relié à Jupiter et à l'élément feu.

NOISETIER *(CORYLUS AVELLANA)*

Ses autres noms : conrère, courière, colère, colieure, coudrière, coudrier, noiselier, abélanié, nozié, neûzié, ninsolé, oulonié, algouaniéé, nougié.

Botanique et particularités

Le noisetier est un arbuste à feuilles caduques, bien connu sous nos latitudes, qui peut atteindre 10 m de haut.

Usages thérapeutiques

En usage interne, les feuilles du noisetier sont utilisées pour soigner les varices, les troubles circulatoires, les oedèmes des jambes et les dermatoses.

L'écorce du noisetier est utilisée contre les états fiévreux, et les chatons, quant à eux, sont utilisés contre l'obésité.

En usage externe on utilise les feuilles et l'écorce de noisetier pour traiter les plaies atones et les ulcères.

Les feuilles de noisetier étaient autrefois utilisées pour remplacer le tabac.

Pratiques de sorcellerie

C'est le bois le plus courant après le sureau. Il sert à faire des baguettes pour la magie « blanche » et les rituels lunaires, ainsi que les baguettes de sourcier (on l'appelle aussi coudrier). Pendant la nuit de Noël, dans chaque buisson de noisetier on prétend qu'il y a une branche qui se transforme en rameau d'or ; mais pour la cueillir, il faut se dépêcher avant que minuit ait achevé de sonner et la couper très vite sans regarder. Cette baguette, très difficile à obtenir, égale, dit-on, en pouvoir celles des plus puissantes fées.

Pratiques magiques et protectrices

La noisette est considérée comme fruit de sagesse et de savoir, mais aussi est très liée à la fertilité, voire à la débauche dans certains cas. Cet arbre et son fruit ont en effet joué un rôle important dans la symbolique des peuples germaniques et nordiques. Iduna, déesse de la vie et de la fertilité chez les Oermaina du Nord, est libérée par Loki, transformé en faucon et qui l'emporte sous la forme d'une noisette !

Le coudrier est un bois aux pouvoirs magiques traditionnels dans les mythologies d'Europe du nord. Il sert notamment à la gravure sur bois des lettres à charges occultes des Celtes appelés « ogham ».

Histoires de rituels

Au Hanovre, la tradition voulait que la foule criât « noisettes, noisettes » aux jeunes époux et la mariée en distribuait au troisième jour de ses noces pour signifier que le mariage avait été consommé.

Correspondances occultes

Correspond à Hermès-Mercure et relié au Soleil et à l'élément air, ses divinités tutélaires sont : Hermès-Mercure, Thor, Artémis-Diane.

NOYER *(JUGLANS REGIA)*

Ses autres noms : nouerdier, anouyé, gaillier, goghier, calotié ou cassotyé, nouss, piyon, nolier, nouyar, nouey, neujaoli, calongnié.

Botanique et particularités

Le noyer est un arbre, pouvant atteindre 30 m de haut, à feuilles caduques dont l'écorce lisse et argentée se fissure avec l'âge, et qui porte sur ses branches des feuilles vertes, lisses qui deviennent aromatiques si on les froisse.

Usages thérapeutiques

En usage interne, le noyer est utilisé pour traiter le rachitisme, le lymphatisme, les adénopathies, la scrofulose, l'asthénie, les maladies osseuses, la tuberculose, les bronchites chroniques, le diabète, l'anémie, la goutte, les rhumatismes, les diarrhées et le ténia. En usage externe on utilise le noyer pour soigner pertes blanches, angines, plaies atones, abcès froids, scrofules et eczémas suintants.

Pratiques de sorcellerie

Le noyer est craint comme un arbre sinistre, hanté avec prédilection par les sorcières. D'ailleurs, en Italie, les sorcières étaient vues danser autour de noyers dans leurs rituels secrets. Au Tyrol, on raconte que les côtes des sorcières sont en bois de noyer. Et à Madonna di Campiglio, dans le Trentin, quand des brouillards blanchâtres drapent les branches des noyers au lever du jour, on dit que les sorcières sont venues y accrocher leurs culottes pour se rendre à l'orgie du Grand Bouc.

Pratiques magiques et protectrices

Dans la tradition grecque, le noyer est lié au don de prophétie. Un culte était rendu à Artémis Karyatis, qui fut aimée de Dionysos, douée de clairvoyance et changée en noyer, aux fruits féconds. La noix est le plus souvent considérée comme propice, favorable aux mariages, à la génération, et en général symbole d'abondance. Si l'on place une noix sous la chaise d'une sorcière, elle ne pourra plus la quitter.

Histoires de rituels

Si une femme qui doit se marier veut repousser une éventuelle grossesse, la tradition lui dit de faire tenir dans sa robe, le jour de son mariage, autant de noix grillées que d'années durant lesquelles elle veut rester sans enfant.

En Flandre, le 29 septembre, à la Saint-Michel, les filles demandaient aux noix les augures pour leur mariage. On mêlait des noix évidées, mais soigneusement refermées, avec des noix pleines ; fermant les yeux, les jeunes filles en prenaient une au hasard. Celle qui en prenait une pleine ne devait pas tarder à convoler car c'est saint Michel – disait-on – qui donne les bons maris !

Correspondances occultes

Relié au Soleil et au feu, c'est l'arbre et le fruit du désir sexuel, de la luxure et de l'ensorcellement qui peut les forcer.

OLIVIER *(OLEA EUROPAEA)*

Ses autres noms : *Olea oleaster, Olea lancifolia, Olea gallic,* ouliéou, aourivié.

Botanique et particularités

L'olivier est un arbre sempervirent, pouvant atteindre 7 à 15 m de haut, à feuilles vert sombre, étroites et opposées. D'une grande longévité, résistant à la sécheresse, il pousse sur tout le pourtour méditerranéen. Ses fleurs de couleur crème sont odorantes. Il est cultivé depuis plus de 4000 ans.

Usages thérapeutiques

L'olivier est employé contre l'hypertension et tous ses troubles associés, aussi contre l'athérosclérose, le diabète, l'excès d'urée, la lithiase urinaire et l'angine de poitrine.

L'huile d'olive en particulier est un adoucissant nourrissant et laxatif. Extérieurement, elle soulage le prurit, les effets des piqûres ou des brûlures, et est un bon véhicule pour les liniments. Avec de l'alcool, c'est un bon tonique capillaire.

Pratiques de sorcellerie

De nos jours, l'arbre et son fruit sont très employés aux Indes dans les rituels d'apaisement. Et dans tout le Maghreb, de l'huile d'olive vierge entre dans les rituels de guérison. Les noyaux sont employés en magie noire.

Pratiques magiques et protectrices

Partout en Espagne, de l'olivier suspendu au-dessus des portes protège la maison, la grange, l'étable.

Selon une légende chinoise, le bois d'olivier neutraliserait certains poisons et venins : ce qui lui confère une valeur tutélaire. Au Japon, il symbolise l'amabilité, ainsi que le succès dans les études et les entreprises civiles ou guerrières : c'est un arbre de victoirc.

Histoires de rituels

À Sparte, la feuille d'olivier était l'insigne des Irènes, jeunes gens de vingt ans, puceaux, engagés volontaires pour servir dans les corps d'élite. Partout en Grèce, le respect des anciens était tel que les hommes appelés à cultiver ces arbres devaient être d'excellente moralité, et n'avoir « de commerce sexuel qu'avec leurs épouses légitimes » ; et pour la cueillette des olives, on ne recrutait que des jeunes filles vierges, d'un physique agréable. C'est à l'observance de cette règle rigoureuse que les Athéniens attribuaient la continuité et l'abondance des récoltes.

Sur tout le pourtour méditerranéen, l'olivier était révéré et ses fruits déifiés. On répandait de l'huile d'olive sur le bûcher des morts ; on s'en frottait au sortir des thermes pour se purifier.

Correspondances occultes

Arbre relié au Soleil, à l'élément feu et aux déités Athéna, Apollon, Minerve et Râ.

ORANGER AMER *(CITRUS AURANTIUM)*

Ses autres noms : arangé, arangélié, eyrondgié, toronger, *Citrus vulgaris, Citrus bigaradia, Citrus aurantium amara,* bigaradier, bigarade orange, orange amère, orange de Séville, orange du Portugal, orange de Chine, *Citrus dulcis.*

Botanique et particularités

La première mention des oranges apparaît dans les écrits arabes, le moment et la manière de leur première culture en Europe étant très incertains. Les Européens connurent d'abord l'oranger amer. C'est seulement au xve siècle que les Maures introduisirent l'orange douce jusqu'au Maroc et en Espagne.

L'oranger est un arbre à feuilles coriaces, pouvant atteindre 10 m de haut, qui vit sous nos latitudes dans les zones chaudes.

Usages thérapeutiques

L'oranger est utilisé contre les palpitations, le nervosisme, les maladies nerveuses, l'aérophagie, les insomnies, l'agitation nocturne, les migraines et la toux nerveuse. Enfin l'écorce d'orange amère est un excellent remède contre l'acidité gastrique.

Pratiques de sorcellerie

De très nombreux rituels de divination utilisent les pépins d'une orange. Lorsque vous mangez une orange, pensez à une question à laquelle vous souhaitez avoir une réponse (attention : cela doit être une question dont la réponse est oui ou non). Comptez les pépins de l'orange : si le nombre est pair la réponse est non, s'il est impair la réponse est oui.

Pratiques magiques et protectrices

L'écorce d'orange est ajoutée aux poudres, encens et mélanges de prospérité, et les Chinois ont longtemps considéré les oranges comme des symboles de chance et de bonne fortune.

Le zeste, séché, entre souvent dans les parfums à brûler destinés à la fécondité.

Histoires de rituels

Les fleurs d'oranger sont un symbole sexuel féminin. En Andalousie, seules les prostituées osaient se lotionner le corps avec de l'eau de fleur d'oranger.

Correspondances occultes

L'oranger et l'orange sont reliés au Soleil et à l'élément feu.

A
B
1
2
3
4a
4b
5
5a
6
7
8
9
10

PÊCHER *(PRUNUS PERSICA)*

Ses autres noms : petsié, pâchey, persèque ou persique, patche, apersio, moulan.

Botanique et particularités

Le pêcher fait partie des arbres du genre *Prunus*, au même titre que le prunier, l'amandier, l'abricotier et le merisier. C'est un arbre fruitier pouvant atteindre 6 m de haut. Ses branches portent des feuilles vertes, lisses, finement dentées, étroites et pointues. Au printemps, les branches se couvrent de fleurs solitaires de couleur rose, qui laissent ensuite la place à un fruit bien connu : la pêche.

Usages thérapeutiques

En usage interne, le pêcher est utilisé pour traiter la constipation des enfants, la coqueluche, l'arthritisme, la goutte, et la lithiase urinaire.

En usage externe on utilise le pêcher pour soigner les brûlures et les contusions. Pour cela, la tradition populaire donne la recette de cataplasmes constitués de feuilles de pêcher hachées, de persil et d'huile d'olive. Enfin on l'utilise aussi pour soigner l'oxyure des enfants.

Pratiques de sorcellerie

L'amande qui se trouve à l'intérieur du noyau était pilée et le lait recueilli servait aux rites de désensorcellement.

C'est également en bois de pêcher que l'on fabrique les pinceaux de divination, le *Ki-Pi*, sorte de fourche laquée de rouge dont les mouvements, en dessinant les caractères, rendent l'oracle.

Pratiques magiques et protectrices

La pêche se rattache au mythe d'Izanagui qui, grâce à lui, se protégea du tonnerre. Il possède un rôle de protection contre les influences mauvaises, une valeur d'exorcisme, qu'on retrouve très nettement en Chine. L'exorcisme y est pratiqué à l'aide d'un bâton de pêcher.

Histoires de rituels

Au nouvel an, des figurines en bois de pêcher sont placées au-dessus des portes pour éliminer les influences perverses.

Porter sur soi une boule de « sang » qui perle en été sur l'écorce des vieux pêchers assure une vieillesse vigoureuse, préservée autant de la sénilité que des maladies.

Correspondances occultes

Il est relié à Vénus et à l'élément eau.

POMMIER *(MALUS DOMESTICA)*

Ses autres noms : pomme sauvage, *Malus communis.*

Botanique et particularités

Le pommier existe à l'état sauvage dans la plupart des pays d'Europe et aussi dans la région du Caucase : en Norvège, on le trouve dans les basses terres jusqu'à Drontheim, au nord.

La pomme sauvage *(Pyrus malus)* est originaire de Grande-Bretagne et est l'ancêtre sauvage de toutes les variétés cultivées de pommiers.

Usages thérapeutiqucs

La pomme est utilisée pour traiter la fermentation intestinale excessive, le cholestérol (surtout le mauvais), l'insuffisance urinaire, les symptômes de la ménopause, et elle aurait un rôle préventif contre le cancer des voies digestives.

Pratiques de sorcellerie

Samhain est une fête païenne particulière, puisqu'il s'agit du nouvel an païen, c'est-à-dire la fin d'une année et le début d'une autre. La nature change à l'approche de l'hiver, se parant de rouge, d'orange et de jaune, couleurs des pommes.

Le bois de pommier fait tout à fait l'affaire des magiciens : il fournit d'excellentes baguettes, plus particulièrement destinées aux rituels de magie émotionnelle et affective (attachement, passion, retour d'affection, etc.).

Pratiques magiques et protectrices

La décoration de l'autel lors de Samhain peut être constituée de pommes et d'autres fruits tardifs, ainsi que des fleurs automnales. Lors de ce sabbat, la tradition est de laisser un plat de nourriture hors de la maison pour les morts, ainsi qu'une chandelle sur une fenêtre pour les guider vers le Summerland (le pays de l'été éternel), et enfin des pommes enfouies sous terre pour les nourrir pendant leur voyage.

Histoires de rituels

En Angleterre, lors de la coutume jadis populaire de *wassailing*, la veille de Noël, ou la veille de l'Épiphanie, la cérémonie consistait en ce que le fermier, avec sa famille et ses ouvriers, sortait dans le verger après le souper, emportant avec eux une cruche de cidre et des petits pains chauds. Ces derniers étaient placés dans les branches des arbres les plus anciens ou les mieux portants du verger, tandis que le cidre était jeté sur les arbres après que le fermier eut bu à leur santé.

Des pommes rôties étaient généralement placées dans le pichet de cidre et jetées sur les arbres avec le liquide.

Correspondances occultes

Relié à la planète Vénus et à l'élément eau, ses déités sont Artémis-Diane, Héra-Junon, Aphrodite-Vénus, Zeus-Jupiter, Apollon, Dionysos-Bacchus.

SANTAL BLANC *(SANTALUM ALBUM)*

Ses autres noms : bois de santal, santal indien.

Botanique et particularités

Il y a huit ou neuf espèces de santals. La plus connue est le santal blanc des Indes.

Le santal est un arbre sempervirent, semi-parasitaire, à croissance lente pouvant atteindre 18 m de haut. On l'exploite pour son bois central rouge, qui est aromatique. Ses branches portent des feuilles ovales opposées, effilées et persistantes, ainsi que des panicules de petites fleurs jaune pâle à pourpre, qui laissent ensuite la place à des fruits gros comme un pois, qui contiennent une graine.

Usages thérapeutiques

On utilise le santal en usage interne pour traiter la cystite, la colibacillose, la blennorragie, l'impuissance, la bronchite chronique et les diarrhées rebelles.

Pratiques de sorcellerie

Dans les rites magiques, c'est encore le bois de santal qui est employé le plus souvent. La poudre de trois santaux (santal critrin, santals blanc et rouge) était connue des magiciens persans aux temps dravidiens. On l'utilisait pour invoquer les esprits, alors que les mages d'Orient s'en servaient pour activer les états de conscience supérieurs.

Pratiques magiques et protectrices

Tous les santals possèdent traditionnellement une haute teneur en vibrations telluriques.

Le bois de santal possède aussi des vibrations spirituelles très fortes, et il est brûlé lors de rituels à la pleine lune en mélange avec du frankincense.

Répandues dans les étables, les graines du santal blanc protègent le cheptel.

Histoires de rituels

Il n'y a guère de cérémonie religieuse hindoue sans santal. Son bois pulvérisé est répandu à la volée ou brûlé avec des encens. Son essence distillée imprègne généreusement les temples où elle se répand en volutes. Ses rameaux en fleurs décorent les autels, des dieux et des déesses. Les quatre bois sacrés (acacia, santal, sassafras, teck) entrent dans la composition rituélique d'une pâte rouge dont s'enduisent les moines vichnouites lorsqu'ils font le pèlerinage du Gange.

Correspondances occultes

Relié à la Lune et à l'élément eau, il est en correspondance avec le féminin.
Ses divinités sont notamment Astarté, Séléné, Ishtar...

SORBIER ROWAN *(SORBUS AUCUPARIA)*

Ses autres noms : sorbier européen, sorbier des oiseaux, sorbier des chasseurs, preneur de grives, arbre de sorcière, cormier sauvage, tourié, cofrêne, frêne de montagne, bois de sorcière.

Botanique et particularités

Rowan est un petit arbre à feuilles caduques, trouvé en hauteur dans les montagnes. Bien qu'il préfère les hauteurs, il peut pousser n'importe où. On le trouve en abondance dans les Highlands d'Écosse.

La forme de l'arbre ressemble à un frêne, mais ne lui est pas apparenté. Membre de la famille des roses, le rowan est lié à la rose, à la pomme, à l'aubépine, au prunellier et à la cerise, et ne pousse pas plus haut que 9 à 12 m. On remarque aux extrémités de ses baies rouge vif un opercule végétal de couleur verte semblant avoir la forme du pentagramme.

Usages thérapeutiques

On peut spécifiquement consommer des préparations faites en utilisant ses baies rouges acidulées, qui seraient riches en vitamine C et en d'autres composés, comme la carotine et la pectine, très bénéfiques.

Sur le plan médicinal, les baies de rowan sont un laxatif, mais soulagent également les maux de gorge, les amygdales enflammées et l'enrouement (effet vitamine C). Par ailleurs, une décoction d'écorce est utilisée comme astringent efficace.

Pratiques de sorcellerie

Les sorcières utilisaient le rowan pour augmenter leurs pouvoirs psychiques, pour jeter des sorts de guérison, de succès, de protection et utilisaient souvent le bois pour confectionner leurs baguettes magiques.

Pratiques magiques et protectrices

Le bois d'arbre rowan a été utilisé par les Scandinaves pour sculpter des bâtons runiques, ainsi que pour divers rituels. Notamment utilisé pour conjurer les effets de la sorcellerie et d'autres influences néfastes et éthérées, il a été l'objet de tant de respect qu'il était devenu progressivement tabou de l'utiliser à d'autres fins que rituelles.

On croyait aussi qu'un bâton en bois de sorbier éloignait les (mauvais) esprits de la forêt.

Histoires de rituels

Certains ont affirmé que, lors de la récolte du bois d'un sorbier, un couteau ou une lame ne devrait en aucun cas être utilisé. Il existe également plusieurs légendes selon lesquelles le bois ne devrait être récolté que certains jours pour maximiser ses effets.

Correspondances occultes

Sa planète est le Soleil. Son élément bien sûr le feu. Et sa divinité consacrée est Thor du panthéon nordique.

SUREAU NOIR *(SAMBUCUS NIGRA)*

Ses autres noms : sambuc ou sambuss, sambequier, sinjeure, chaouk, sureau noir, sureau des merles, sioucar, seult, savon, sourô, susier, fuseau, bois de pafette, boumbardié, escarbutié, seur, sogon, suin, seuillet.

Botanique et particularités

Le sureau fait partie des arbustes les plus anciens que l'humanité ait connus ; des fouilles, en Italie et en Suisse, ont mis à jour ses traces dans des sites datant de l'époque magdalénienne.

Usages thérapeutiques

En usage interne, les baies de sureau sont utilisées pour soigner la constipation et les névralgies. La seconde écorce est utilisée pour traiter les rhumatismes, la goutte, l'hydropisie, les néphrites, la lithiase urinaire, la rétention liquidienne (quelle qu'elle soit), et l'épilepsie essentielle. Les fleurs quant à elles sont utilisées pour traiter les rhumes, les bronchites, l'asthme, les rhumatismes, les fièvres éruptives (rougeole, scarlatine), les affections rénales, les cystites, et la tuberculose.

En usage externe, les fleurs de sureau sont utilisées pour traiter les dermatoses, les furoncles, les engelures et les affections oculaires.

Pratiques de sorcellerie

Son bois sert à fabriquer des baguettes pour toutes sortes de rituels, mais aussi des flûtes permettant d'appeler les esprits. Ce qui est le cas de la flûte de Pan.

Le bois de sureau est réputé contraindre un magicien mal intentionné à vous délivrer des malédictions lancées contre vous.

Lorsqu'un de ces arbustes pousse dans le jardin, il protège le foyer, non seulement contre toute « œuvre de sorcellerie », mais aussi contre la foudre.

Pratiques magiques et protectrices

Ce bois protège contre les agressions de toutes sortes, humaines ou surnaturelles. Suspendus au-dessus de la porte d'entrée et des fenêtres, les rameaux chargés de baies empêchent le « Mal » d'entrer.

Beaucoup pensent encore qu'il est dangereux de brûler du bois de sureau, et certains Gitans interdisent formellement de s'en servir comme bois de chauffage.

Histoires de rituels

Dans le Gévaudan, autour de Saint-Alban-sur-Limagnole, quand on avait mal aux dents il fallait mâcher de la moelle de sureau ; on recrachait ensuite la boulette mastiquée à l'intérieur du bâton de sureau d'où la moelle avait été extraite, puis on allait enfouir le tout dans les pierres d'un vieux mur.

Correspondances occultes

Le sureau est relié à la planète Vénus, à l'élément eau et aux déités Hestia-Vesta, les Euménides, la nymphe Cardea, Holda...

CHAPITRE 5

LE POUVOIR DES VÉGÉTAUX ET DES FLEURS

De tradition, on considère qu'avant toute utilisation des herbes en magie, il convient que celles-ci aient été enchantées. Dans le contexte de la magie, l'enchantement unit à un vœu les vibrations émises par les plantes. C'est un procédé qui accroît l'efficacité des herbes. Les moyens pour y parvenir sont divers. Parmi les principaux, on distingue l'enchantement en lui-même associé aux procédés magiques que sont le sachet, les poupées, l'infusion, le bain, les onguents, les huiles, l'encens, à leur tour combinés aux quatre éléments (terre, air, eau et feu) et enfin aux dessins dits « magiques ».

Tous ces connaisseurs de Dame Nature veillaient aux pratiques suivantes, se transmettant surtout oralement le processus d'usage des plantes en mode thérapeutique. Rappelons que le Soleil, les astres, la Terre, les eaux et les plantes ne furent plus adorés que comme des manifestations sensibles de puissances intelligentes et immatérielles.

Lorsque les plantes sont finement moulues ou hachées, voire carrément en poudre, on préconisait une simple infusion d'une pincée par tasse d'eau chaude (mais non bouillante) durant 20 minutes, bue à divers moments de la journée suivant le but poursuivi. Les racines et écorces, elles, devaient être mises à mijoter durant plus de 30 minutes pour en extraire les principes actifs, tout en surveillant l'ébullition qui devait rester douce. Fleurs et feuilles, par contre, ne devraient jamais être portées à ébullition. Juste infusées dans de l'eau chaude non bouillante durant 20 minutes, on couvrait le récipient pour en conserver l'huile essentielle.

ABSINTHE *(ARTEMISIA ABSINTHIUM)*

Ses autres noms : grande absinthe, armoise amère, herbe des vierges, herbe aux vers, aluine, alvine, apussinte, lionsotte, alluyne forte, herbe de bar botte, môbron.

Botanique et particularités

L'absinthe est une armoise aromatique à croissance rapide, pouvant atteindre 1 m de hauteur. Ses tiges portent des feuilles profondément indentées couvertes de poils fins, et de petites sommités fleuries rondes de couleur jaune. elle est surtout connue pour sa liqueur au superbe sobriquet de « la fée verte » – aujourd'hui interdite à la vente.

Usages thérapeutiques

Elle est utilisée pour soigner l'atonie digestive, les gastrites et spasmes de l'estomac, les troubles hépatiques et digestifs, le manque d'appétit et l'asthénie chez les anémiques, les personnes dépressives, les convalescents, etc. Elle convient aussi pour traiter les retards de règles ou les troubles menstruels, les pertes blanches, les ascaris, les oxyures, le ténia, les fièvres intermittentes...

Pratiques de sorcellerie

Consommée en infusion, décoction ou sous forme d'huile (c'est-à-dire en onguents), l'absinthe permettrait de pratiquer le « voyage astral » et d'atteindre des niveaux de transe menant à la connaissance de mystères cachés, et notamment à ceux du côté sombre de la Lune, cette lune noire appelée Lilith dont le luminaire revêt une grande importance en astrologie, qu'elle soit d'analyse karmique ou psychologique.

Pratiques magiques et protectrices

Elle est dite favoriser le développement des pouvoirs psychiques si on en brûle comme de l'encens (fleurs et feuilles), ou bien si on en porte un brin sur soi. Lorsque les racines de l'*artemisia* sont suspendues au-dessus du seuil d'un bâtiment, personne dans la maison ne sera blessé.

Sur un autre registre, l'absinthe rentre dans la préparation d'un filtre d'amour à la réputation ensorcelante.

Histoires de rituels

D'après un ancien grimoire anglais du XVIe siècle, il est facile de préparer une poudre à brûler sur les pierres tombales. Alors les esprits des morts se lèveront et parleront.

Dans le midi de la France, les sorciers des campagnes développaient leurs pouvoirs médiumniques en couchant sur une paillasse bourrée d'absinthe fraîche.

Dans la région de Comacchio, sur la côte Adriatique de l'Italie, une tige d'absinthe protégeait contre les ensorcellements.

Correspondances occultes

Sa planète est Mars. Son élément est le feu. Elle est consacrée à Diane-Artémis (d'où son nom latin).

ACONIT *(ACONITUM NAPELLUS)*

Ses autres noms poétiques : monkshood, helmet flower, blue rocket, bonnet de frère, huid de l'épouse d'Auld, casque de Jupiter, char de Vénus, Thore, capuchon de Vénus, coqueluchon.

Botanique et particularités

Originaire de l'Himalaya, c'est une plante vivace rustique, avec une racine charnue en forme de fuseau, de couleur pâle, jeune, mais qui vire à brun foncé ensuite. La tige est assez haute avec des fleurs en grappes de couleur bleu foncé mais aux sépales violets.

Usages thérapeutiques

La racine de cette plante possède des propriétés hautement toxiques, plus puissantes que l'acide prussique et à la fulgurance incroyable. Il est donc fortement déconseillé de la toucher à mains nues.

Mais, comme dans toute pharmacopée naturelle, la dose fait le poison. Donc ce fut également un remède puissant du cœur, pour qui savait le récolter et l'administrer, mais aussi un diurétique et un diaphorétique. Aujourd'hui, on le rencontre surtout en homéopathie à haute dilution.

Pratiques de sorcellerie

L'aconit associé à la belladone sont les ingrédients des onguents volants des sorcières. Il est en effet avéré que s'enduire des parties du corps avec ce mélange provoque des hallucinations précises puisque l'aconit trouble le rythme cardiaque et la belladone induit un délire qui reproduit une sensation de « vol ».

Pratiques magiques et protectrices

Réputée chasser les démons et les mauvais esprits, en Angleterre, comme en Europe centrale, la plante entière, fraîche, était placée dans des sacs protecteurs que l'on suspendait un peu partout dans les villages : vampires, loups-garous et autres créatures indésirables se tenaient alors prudemment à distance, disait-on !

Histoires de rituels

Au Moyen Âge, l'aconit était largement employé dans les cérémonies de mariage. On la parsemait sur le seuil avant que les jeunes mariés n'arrivent dans leur maison. Si la mariée sautait par-dessus le seuil ou bien si le marié la portait sur lui dans ses bras, alors toute la calomnie, les désirs méchants, etc., retomberaient sur les mauvaises langues.

Correspondances occultes

Dépend de Saturne en astrologie, donc du signe du Capricorne. L'aconit est consacré à Hécate triple (devenue Trivia chez les Romains).

AIGREMOINE EUPATOIRE *(AGRIMONIA EUPATORIA)*

Ses autres noms : eupatoire des Grecs ou des Anciens, herbe de Saint-Guillaume, de Sainte-Madeleine, thé des bois ou du Nord, rose bâtarde, faux églantier, sorbelette, agrimoine, ingremoine, francornier, toute-bonne, clochers de l'église.

Botanique et particularités

L'aigremoine est une plante vivace, pouvant atteindre 1,20 m de haut, indigène de l'Europe avant d'être introduite sur le continent américain, et qui croît dans les haies et les buissons. Ses fleurs jaunes, disposées en épi, fleurissent de bas en haut durant l'été pour donner de petites graines velues qui s'accrochent aux vêtements. C'est cet épi floral qui est réservé à la magie.

Usages thérapeutiques

En usage interne, l'aigremoine est utilisée pour soigner les diarrhées, les dysenteries, les hémoptysies, les coliques néphrétiques, la lithiase rénale, l'albuminurie, les pertes blanches, le diabète, l'hépatisme, l'obésité et l'asthme.

En usage externe, l'aigremoine soigne les angines, les stomatites, les aphtes, les plaies infectées ou non, les plaies atones, les entorses et les contusions.

Pratiques de sorcellerie

Durant l'Inquisition, l'aigremoine était utilisée dans toute l'Europe pour faire la chasse aux sorcières. On pénétrait dans la maison suspecte en brandissant devant soi, à l'horizontale, un bouquet d'aigremoine. Si le lieu était effectivement habité par un suppôt du Malin, les fleurs se fanaient les unes après les autres, mais dans un sens opposé à celui de la nature : de haut en bas.

Pratiques magiques

La plante protège contre les lutins, les démons et le poison... rien que ça ! Elle a aussi longtemps servi à briser et retourner les sorts, dont étaient victime les magiciens, vers l'envoyeur.

Si la malveillance est reconnue comme issue de source humaine, la tradition recommande de cueillir l'épi en début de floraison : partie basse en fleur, sommet pointu pas encore ouvert. Lorsque les influences négatives viennent de source surnaturelle, on fait l'inverse : sommet en pleine floraison, partie basse commençant à se faner.

Histoires de rituels

Dans l'île anglo-normande de Guernesey, une jeune fille qui voulait voir en rêve son futur époux mettait sous son oreiller, le jour de la Saint-Thomas, deux branches d'aigremoine de neuf folioles, disposées en croix, le tout attaché avec deux épingles en croix également. Il suffisait ensuite de réciter une oraison au saint et de s'endormir...

Correspondances occultes

Sa planète est Jupiter reliée à l'élément air et ses déités sont Morphée et Odin, c'est-à-dire une grande protection et un facilitateur de sommeil réparateur.

ANGÉLIQUE *(ANGELICA ARCHANGELICA)*

Ses autres noms : archangélique, angélique de Bohême, herbe ou racine du Saint-Esprit, herbe aux anges, surangélique, ingélique, anjélicasse, anjéliuss, mort ortie.

Botanique et particularités

L'angélique est une plante bisannuelle, vivant 3 ans, dont la taille peut atteindre 2 m. La plante toute entière est utilisable, mais on emploie principalement les tiges, la racine et les semences.

Usages thérapeutiques

En interne, l'angélique permet de lutter contre une foultitude de malaises liés à la sphère digestive.

On l'utilise aussi dans le traitement de la tuberculose, des bronchites chroniques, de l'asthme nerveux, des migraines nerveuses, des vertiges, des troubles de règles, des pertes blanches, et du rachitisme.

En usage externe, l'angélique s'utilise dans le traitement des affections buccales, algies rhumatismales et contusions.

Pratiques de sorcellerie

Du suc d'angélique ajouté à un bain très chaud a des vertus psychédéliques quasi universelles. Brûlées sur des braises, les tiges dégagent une fumée aromatique qui plonge ceux qui la respirent dans des états visionnaires.

Pratiques magiques et protectrices

La plante est utilisée depuis longtemps dans les rituels d'exorcisme : s'il y a au monde une herbe que les démons ont en sainte abomination, c'est bien l'archangélique !

Histoires de rituels

La racine était gardée sur soi, portée dans la poche ou dans un sachet suspendu au cou, comme un talisman protecteur par certaines tribus d'Indiens d'Amérique.

D'autre part, pour invoquer des anges, il est conseillé de bruler de la poudre de racine d'angélique comme encens.

En Couriand, en Livonie et dans les basses terres des lacs de Poméranie et de Prusse orientale, au début de l'été, une coutume paysanne consiste à marcher dans les villes en arborant les tiges de fleurs d'angélique pour les offrir à la vente, en chantant une mélodie ancienne en letton, trop désuète pour être intelligible même par les paysans eux-mêmes. Apprises oralement dans l'enfance, cette psalmodie est peut-être associée à la survivance d'un festival païen dédiée jadis à cette plante. À l'implantation du christianisme, la plante dans l'esprit populaire a changé de patronage, pour accompagner la fête printanière de l'Annonciation.

Correspondances occultes

La plante est reliée au Soleil et à l'élément feu. Ses divinités sont Vénus, Athéna-Minerve et son protecteur l'archange Raphaël.

ARMOISE *(ARTEMISIA VULGARIS)*

Ses autres noms : grande absinthe, armoise amère, herbe des vierges, herbe aux vers, aluine, alvine, apussinte, lionsotte, alluyne forte, herbe de bar botte, môbron.

Botanique et particularités

Les armoises sont des plantes de la famille des astéracées (anciennes composées). Parmi elles, on trouve le calendula, le pissenlit, la pâquerette, la chicorée ou le tournesol...

Usages thérapeutiques

En phytothérapie, l'armoise commune est réputée depuis fort longtemps pour ses vertus antispasmodiques et régulatrices du cycle menstruel.

La médecine chinoise considère que l'armoise commune est tonifiante, amère et piquante. Elle va donc permettre de travailler sur les blocages du foie et les stases du sang. Comme très souvent les toniques amères, l'armoise est cholagogue (stimulante de la chasse biliaire), améliorant le fonctionnement du foie et de la vésicule biliaire, et donc la digestion.

Pratiques de sorcellerie

L'armoise est une herbe lunaire considérée capable d'accroître la vision de l'esprit et la clairvoyance lorsqu'elle est bue en thé ou brûlée en fumigations. C'est sûrement pour cette raison, ainsi que sa capacité à favoriser les pouvoirs divinatoires que l'armoise est employée pour consacrer certains outils magiques, tout particulièrement les boules de cristal et les miroirs magiques. Certains jettent aussi quelques feuilles dans l'eau de consécration du cercle magique.

Pratiques magiques et protectrices

L'armoise était – et demeure – considérée, en Extrême-Orient, comme dotée de vertus purificatrices. Il est de fait qu'en Chine, et même en Europe, on a utilisé ses propriétés emménagogues et antiémétiques, les unes et les autres en rapport avec des formes d'impureté.

Histoires de rituels

Le bouillon d'armoise était consommé rituellement lors de la fête du 5e jour du 5e mois. Des figurines d'armoise (hommes ou tigres) étaient suspendues aux portes. Cette pratique perdure afin de purifier les maisons des influences pernicieuses et aussi de les protéger contre toute future pénétration. Un autre rituel consistait à décocher des flèches d'armoise contre le ciel, la terre, et les quatre orients pour éliminer les influences nocives ou démoniaques.

Correspondances occultes

Elle est en harmonie avec des concepts tels que Luna, la Grande Prêtresse, Hécate, la pierre de lune, la perle et le cristal.

BASILIC *(OCYNIUM BASILICUM)*

Ses autres noms : basilic romain, basilic commun, grand basilic, basilic aux sauces, herbe ou plante royale, oranger des savetiers, pistou.

Botanique et particularités

Le basilic est une plante annuelle ou vivace éphémère pouvant atteindre 60 cm de haut, dont les tiges quadrangulaires portent des feuilles dentées, au parfum fort et frais, évoquant le clou de girofle, puis des petites fleurs blanches à la fin de l'été.

Usages thérapeutiques

En usage interne, le basilic est utilisé dans le traitement de l'asthénie nerveuse (surmenage intellectuel), des angoisses, de l'insomnie nerveuse, des spasmes gastriques, des infections intestinales, des vertiges, et de la coqueluche. Il sert aussi à lutter contre les migraines, l'épilepsie, la paralysie, la goutte et les règles insuffisantes.

En usage externe, le basilic sert à traiter la perte d'odorat (principalement celui provoqué par le coryza chronique).

Pratiques de sorcellerie

On prétend que les sorcières buvaient une demi coupe de jus de basilic avant de voler dans les airs.

Le basilic est traditionnellement utilisé pour la divination concernant l'amour.

D'autres traditions proposent de l'utiliser pour savoir si quelqu'un est chaste ou de mœurs douteuses. En lui mettant un brin de basilic frais dans la main : il se fanera immédiatement si cette personne aime séduire à tout va.

Pratiques magiques et protectrices

Beaucoup de familles hindoues, surtout au Bengale, cultivent avec amour un ou plusieurs basilics sacrés. Chaque pied ne peut, en effet, servir de médiateur qu'avec une seule déesse. On aura donc autant de plantes que l'on souhaite avoir de Saktis protectrices.

Les feuilles de basilic sont employées au Congo central pour conjurer les mauvais sorts et protéger contre les mauvais esprits. Elles sont propres à la guérison des coups, blessures et contusions.

Histoires de rituels

Cette herbe renforce l'amitié et sa réputation apaisante face à tous conflits est universelle. Une tradition populaire conseille le rituel suivant : la nuit, de préférence quand l'ami(e) dort, massez-vous la région du cœur avec une poignée de basilic écrasé. Les liens qui vous unissent à cette personne s'en trouveront aussitôt resserrés.

Correspondances occultes

Relié à la planète Mars et à l'élément feu, ses divinités associées sont Vishnu et Erzulie.

BELLADONE *(ATROPA BELLADONNA)*

Ses autres noms : belle-dame, morelle furieuse, grande morelle, permenton, guigne de côte, baccifère, jerbe à la mort, cerise enragée, bennadône, cerise d'Espagne, béladoufe, belle galante, bouton noir, crémassiol, oudon, bénédé, divale.

Botanique et particularités

La belladone est une plante vivace vénéneuse pouvant atteindre 1,50 m de haut. Ses tiges contiennent une sève rouge et portent des feuilles ovales asymétriques. Elles se couvrent de fleurs solitaires tubulées de couleur brun pourpre du milieu de l'été au début de l'automne.

Elle contient un poison très violent, l'atropine, un alcaloïde. Les baies sont extrêmement dangereuses à cause de leur ressemblance avec de petites cerises noires. Une seule suffit pour tuer un enfant. Quatre ou cinq amènent la mort chez un adulte en pleine santé.

Usages thérapeutiques

La belladone est un narcotique très fort qui peut aller jusqu'à causer la paralysie, car il affecte le système nerveux central. Il s'agit aussi d'un antispasmodique puissant que l'on doit donner avec parcimonie et sous surveillance médicale.

Pratiques de sorcellerie

Selon de vieilles légendes, la plante appartient au Diable qui s'occupe de la tailler et de la soigner à loisir, et ne peut être détournée de ses soins qu'une nuit dans l'année, c'est-à-dire à Walpurgis, quand il se prépare pour le sabbat des sorcières.

Aujourd'hui la belladone est peu utilisée en magie des plantes à cause de sa haute toxicité. Toutes les parties de la plante sont extrêmement dangereuses et sont toujours responsables de morts par ingestion accidentelle ou empoisonnement du sang en cas de plaies.

Pratiques magiques et protectrices

La légende fait de Circé une redoutable empoisonneuse. Experte en breuvages peu digestes, elle possédait une cave particulièrement bien garnie en vins trafiqués à la belladone, jusquiame, ciguë, datura-stramoine, agarics variés, etc.

Histoires de rituels

Bellone était la grande déesse lunaire, guerrière et destructrice, dont le culte sanglant avait pour centre principal Comana, en Cappadoce. Ses prêtres-magiciens, les *bellonaires,* s'entraînaient à immuniser leur organisme contre les effets de la belladone. Ils se répandaient à travers la ville aux jours de fête de la déesse, en mangeant la « cerise enragée » par pleines poignées. Puis ils brandissaient des couteaux, des sabres dont ils se faisaient des blessures volontaires et le peuple, pour se purifier, buvait le sang qui en coulait.

Correspondances occultes

Reliée à la planète Saturne et à l'élément eau, ses déités tutélaires sont principalement Hécate, Bellone (déesse de la guerre et des ruines), la magicienne Circé et Atropos (qui a donné son nom à la substance toxique de la plante).

BÉTOINE *(STACHYS OFFICINALIS* OU *BETONICA OFFICINALIS)*

Ses autres noms : batouane, bétome, butène, bretonge, crémayère, mille en diable, bétoine vulgaire ou officinale, bétoine pourpre ou pourprée, tabac des gardes, herbe à l'évêque, herbe aux bourdons, herbe de Saint-Benoît, herbe. à éternuer, herbe au beurre, oreille de bœuf, belle-tête.

Botanique et particularités

La bétoine est une plante vivace pouvant atteindre 1 m de haut. Ses racines pâles se prolongent en tiges portant des feuilles ovales ridées, festonnées et velues, au goût légèrement piquant. En été, les tiges se couvrent d'épis floraux de couleur rose vif.

Usages thérapeutiques

En usage interne, la bétoine est utilisée pour traiter l'ictère, les paralysies, les affection pulmonaires, l'hémoptysie, la goutte, les rhumatismes chroniques, les vertiges et les migraines nerveuses.

En usage externe, la bétoine sert à traiter les plaies infectées et les ulcères variqueux.

Pratiques de sorcellerie

Elle est célébrée depuis longtemps comme une herbe protectrice et purificatrice.

La bétoine est ajoutée aux mélanges et aux encens de purification et de protection, et il est de tradition à Litha – fête wiccane du solstice d'été – d'en brûler sur un charbon ardent puis de sauter à travers la fumée afin de purifier son corps des maladies et démons qui s'accrochent à lui.

Placée sous l'oreiller, elle protège le dormeur des cauchemars, mais aussi des esprits malfaisants, incubes, succubes, et autres démons nocturnes.

Pratiques magiques et protectrices

Lorsqu'on porte sur soi un peu de bétoine, elle nous protège des intoxications et renforce le corps. Mieux, elle est réputée guérir le « mal des lutins ».

Histoires de rituels

Pendant les feux de la Saint Jean, héritiers paysans des traditions sorcières et païennes antiques, perpétuent le rituel de jeter des fagots entiers de bétoine dans les brasiers. Autour de La Roche-sur-Yon, ils sautaient deux par deux en se tenant par la main, mais le couple était toujours formé de deux hommes ou de deux femmes, et ils criaient en traversant la fumée :

« Pourpre, mon bien, Je te brûle
et je te prends. Si je meurs en chemin,
Sers-moi de sacrement. »

Correspondances occultes

Elle est reliée à la planète Jupiter et à l'élément feu.

BRUYÈRE *(CALLUNA VULGARIS)*

Ses autres noms : brande, grosse, péterolle, bucane, breuvée, brégère, brégotte, brèle, briyoche, brûre, bruine, pétrelle, bronde, craquelin, chasse-lânn , callune.

Botanique et particularités

La bruyère est un arbuste commun pouvant atteindre 60 cm de haut. Ses branches portent de petites feuilles écailleuses sessiles disposées à plat et des grappes de fleurs rose vif en forme de clochettes. Les sommités fleuries permettent d'obtenir une teinture jaune ou verte.

Usages thérapeutiques

En usage interne, on utilise la bruyère pour soigner les cystites avec pyurie, la colibacillose, la phosphaturie, l'albuminurie, les pyélonéphrites, les oliguries, les rhumatismes et les pertes blanches.

En usage externe, on utilise la bruyère pour traiter la goutte, les névralgies rhumatismales, les paralysies, les dartres et les taches de rousseur.

Pratiques de sorcellerie

Voici une tradition sorcière pratiquée en vieille Angleterre pour guérir des problèmes de peau. *« Confectionne de tes mains un petit balai de bruyère. Lève-toi au lever du Soleil. Ne mange rien, ne dis pas un mot, mais va droit à la cheminée puis balaie toutes les cendres et braises de façon à ce que le foyer soit propre. Penche-toi au dessus puis crache dessus. Mets l'index de ta main droite dans la salive puis trace une croix sur la zone affectée de ta peau. Que ton toucher soit léger mais ferme. Renouvelle ce sortilège, de la même manière, neuf matins de suite et tes problèmes de peau disparaitront ».*

Pratiques magiques et protectrices

Les fleurs de bruyère étaient aussi réputées pour protéger les jeunes filles contre le viol. Celles-ci devaient pour cela remplir, à la pleine lune, un petit sac blanc de fleurs de bruyère qu'elles portaient par la suite sous leurs vêtements. De manière générale la bruyère calme les passions sexuelles.

Histoires de rituels

En Bretagne, en Saintonge, les marchands qui revenaient de la foire portaient de la bruyère sur eux pour ne pas risquer d'être détroussés en chemin.

En Cornouailles, on recherche la bruyère blanche comme porte-chance ; les gens en faisaient des bouquets qu'ils plaçaient en haut des buffets ou des armoires. Et la légende ajoute que les pouvoirs de ce talisman sont puissamment renforcés si l'on met le bouquet dans un gobelet d'étain qui a servi à un ivrogne toute sa vie pour aller boire au cabaret.

Correspondances occultes

La plante est reliée à la planète Vénus, à l'élément eau et aux divinités Isis, Vesta et Hestia.

BRYONE DIOÏQUE *(BRYONIA DIOÏCA)*

Ses autres noms : vigne blanche, vigne sauvage, vigne folle, vigne du loup, vigne de serpent, vigne de crapaud, fausse vigne, raisin du Diable, navet du Diable, faux navet, navet godar, courle sauvage, couleuvrée, radis galant, vanais sauvage, poucère, verjus du Diable, herbe de feu, mauvais navet, roupies de serpent, sceau des Dames.

Botanique et particularités

Son nom trouve ses racines dans le grec ancien *bryô* signifiant « pousser avec vigueur ». Ceux qui la côtoient dans leur jardin savent que la sauvage n'a pas usurpé son titre. *Bryonia dioica* est une grimpante à croissance rapide qui se hisse en enroulant ses vrilles sur les plantes ou les branches alentour. Elle peut mesurer en fin de saison 4 à 6 m de long !

Usages thérapeutiques

Il est de nature violemment purgative et cathartique, et était un médicament préféré des herboristes.

Il est toujours considéré comme utile à petites doses pour la toux, la grippe, la bronchite et la pneumonie, et a également été recommandé pour la pleurésie et la coqueluche, soulageant la douleur et apaisant la toux. Il s'est avéré utile dans les troubles cardiaques causés par les rhumatismes et la goutte, ainsi que dans les maladies paludéennes et zymotiques.

Pratiques de sorcellerie

La forte, et bien caractéristique, racine de bryone peut remplacer, dans la plupart des opérations magiques, la fameuse racine de mandragore. Cette dernière entre dans les composants de très nombreuses recettes, mais elle est excessivement difficile à trouver.

Pratiques magiques et protectrices

Encore à la fin du XIXe siècle, les guérisseurs herboristes apportaient sur les marchés de province d'énormes racines de cette plante, qui avaient des bras, des jambes, des seins, le sexe mâle ou femelle.

Les hommes devaient toujours se servir de la racine mâle, les femmes de la racine femelle.

Histoires de rituels

La racine et les fruits de la bryone étaient autrefois utilisés comme vomitifs en médecine populaire, non sans danger au passage. La médication consistait à laisser fondre un peu de sucre dans un trou creusé à même la racine charnue. Le sirop obtenu servait alors de puissant purgatif. Au XVIIIe siècle, le médecin botaniste français Jean Thore la surnommait « le médicament féroce » !

Correspondances occultes

Cette plante est reliée à Mars et à l'élément feu.

CAMPHRIER *(CINNAMOMUM CAMPHORA)*

Ses autres noms : arbre à camphre, bois de Shiu, laurier de Chine.

Botanique et particularités

Le camphrier est un laurier d'Asie orientale et d'Océanie à feuilles persistantes et tiges aromatiques pouvant atteindre 30 m de haut. Ses tiges vertes et aromatiques portent des feuilles rouges et vert foncé à maturité, et des fleurs jaunes. Le camphre est la résine extraite des feuilles du camphrier par distillation.

Usages thérapeutiques

L'huile de camphre est utilisée comme antiseptique et analgésique en frictions de la poitrine et des muscles. Utilisée en inhalations, elle active la circulation, et utilisée en massage elle sert aussi à traiter les engelures des mains et des pieds. Attention, elle ne s'utilise qu'en usage externe.

Pratiques de sorcellerie

Les propriétés doubles du camphre viennent de sa nature lunaire et aqueuse : il détruit les entités négatives et permet ainsi de libérer les victimes d'attaques par de telles entités, mais il permet aussi d'amener la conscience vers des plans plus élevés. Ainsi pour stimuler la capacité de divination, ainsi que les rêves prophétiques, les sorciers et sorcières ajoutaient un peu de camphre à leur mélange d'encens.

Pratiques magiques et protectrices

Sous forme d'encens également, le camphre aide à purifier la maison de toute influence négative (microbes, et déchets éthériques et psychiques des habitants précédents) et à laisser un sentiment de paix et de sérénité propice à l'harmonie.

Histoires de rituels

La religion en a fait depuis toujours un usage régulier. Le camphre rentrait dans la composition des huiles saintes et renforçait l'action des autres ingrédients en « préparant le terrain ». Il était énormément employé dans ce but dans les monastères d'Extrême-Orient. Respirer les effluves d'un morceau de camphre était réputé chasser les pensées libidineuses et garantir la chasteté recherchée dans la pratique du sacerdoce. Placer du camphre près du lit était donc censé aussi assurer une nuit chaste.

Les épouses qui avaient à se plaindre de trop fréquentes sollicitations maritales cachaient une bûchette de camphrier dans le lit conjugal. Un texte médiéval japonais, le *Recueil de morale pour l'enseignement de la jeunesse*, cite la femme d'un shogun, un seigneur féodal, qui avait fait confectionner pour son époux une armure en bois de camphrier, afin qu'il n'aille pas visiter les courtisanes.

Correspondances occultes

Reliée à la Lune et à l'élément eau, les divinités protectrices de la plante sont Hécate et Junon.

CANNELIER DE CEYLAN *(CINNAMOMUM VERUM)*

Ses autres noms : cinamon, écorce de tapir, cannelier vrai.

Botanique et particularités

Le cannelier est un arbre sempervirent, originaire de l'Inde, pouvant atteindre 13 m de haut. Ses branches portent des feuilles oblongues coriaces et des panicules de petites fleurs de couleur crème malodorantes, qui laissent ensuite la place à des baies pourpres. La cannelle est l'écorce interne des branches, récoltée lorsque celles-ci atteignent l'épaisseur d'un doigt.

Usages thérapeutiques

En usage interne, la cannelle est utilisée pour traiter l'asthénie, les courbatures fébriles, la grippe et autres affections dues au refroidissement, l'asthénie grippale, les syncopes, les infections intestinales (choléra), l'atonie gastrique, les digestions lentes, les parasites intestinaux, les spasmes digestifs, les colites spasmodiques et les diarrhées.

En usage externe, la cannelle est utilisée pour traiter la gale, la pédiculose, les piqûres de guêpes et les morsures de serpent (traitement d'appoint). Mais attention, l'huile est irritante pour la peau. Il faut donc ne pas l'utiliser directement.

Pratiques de sorcellerie

La poudre de cannelle est appréciée de la plupart des dieux et déesses, et en saupoudrer sur des offrandes vous aidera à attirer leur attention et leurs faveurs.

Les anciens Hébreux utilisaient ces pommades et huiles en frictions, massages, dans le but d'affaiblir la conscience de veille pour laisser monter les images venues du monde du dedans.

Pratiques magiques et protectrices

Les parfums à brûler fortement chargés en cannelle sont recherchés chaque fois que l'on désire entrer en contact avec les esprits des défunts. Les vibrations occasionnées par ces fumées sont, dit-on, très actives et incitent l'esprit invoqué à prédire l'avenir.

En Orient, la cannelle entre dans des préparations conçues pour favoriser l'état de transe.

Enfin, son utilisation en magie aphrodisiaque est pratiquement universelle.

Histoires de rituels

Les Romains tressaient les feuilles du cannelier en guirlandes dont ils ornaient les temples de Vénus Libentina ou *Vénus vulgaire* (l'ancienne Aphrodite-Pandémos des Grecs, déesse des courtisanes et du plaisir charnel, par opposition à la déesse de l'amour élevé, Aphrodite-Ourania ou *Vénus céleste*).

Correspondances occultes

Reliée au Soleil et à l'élément feu, la cannelle est soumise à la déité Aphrodite-Vénus.

CUMIN *(CUMINUM CYMINUM)*

Ses autres noms : sizô, k'mi, anis aspré, anis âcre, anis des Boches.

Botanique et particularités

C'est une petite plante herbacée annuelle indigène de la Haute-Égypte, mais cultivée depuis le début en Arabie, en Inde, en Chine et dans les pays riverains de la Méditerranée.

Usages thérapeutiques

En usage interne, le cumin est utilisé pour traiter les ballonnements, l'aérophagie, les dyspepsies nerveuses, l'éréthisme cardiovasculaire, les règles insuffisantes, et les parasites intestinaux. En usage externe, le cumin soigne l'engorgement des seins.

Pratiques de sorcellerie

Le cumin possède le « don de rétention », c'est à dire qu'il empêchera le vol de tout objet qu'il « retient » grâce à sa présence. Le cumin est aussi brûlé avec le frankincense pour le rituel de protection et répandu sur le sol, parfois avec du sel, pour chasser les démons.

Pratiques magiques et protectrices

Le fruit du cumin est réputé transformer le vin en potion aphrodisiaque. Il est aussi porté par les fiancés pour chasser la négativité loin du mariage.

Histoires de rituels

En Pologne, on mêlait les semences à du gros sel et on répandait le tout sur le pas de la porte, sous les fenêtres, pour empêcher d'entrer tout ce qui pouvait nuire au foyer.

Les fiancés se fabriquaient un bracelet avec les grains enfilés ; l'homme le portait au poignet droit, la fille au poignet gauche ; c'était l'assurance que rien ne viendrait faire obstacle à leur union entre la date des fiançailles et celle fixée pour le mariage.

Sur la côte orientale de l'Adriatique, en Dalmatie, au Monténégro, les femmes chrétiennes croyaient obtenir la fidélité de leur époux en cachant dans ses vêtements, ou à l'intérieur de son traversin, des sachets d'attachement au cumin.

Enfin, plus insolite d'une certaine manière, lorsqu'on sème du cumin dans son jardin, pour obtenir de belles plantes vigoureuses il est indispensable de blasphémer et de dire le plus de gros mot possible en mettant les semences en terre.

Correspondances occultes

Relié à Mars et à l'élément feu, le cumin est placé sous l'égide d'Hermès.

DAMIANA *(TURNERA DIFFUSA* OU *TURNERA APHRODISIACA)*

Botanique et particularités

Le damiana est un arbuste aromatique annuel à feuilles vert pâle, et à petites fleurs jaunes, dont la hauteur peut atteindre 2 m. Cette plante pousse de façon sauvage en Amérique du Sud et un peu en Amérique du Nord jusqu'au Texas.

Usages thérapeutiques

On utilise uniquement les feuilles sous forme d'extrait pour soigner la congestion pulmonaire et la toux. Sous forme d'infusion, cette plante sert de tonique pour lutter contre la dépression légère. Elle peut aussi être utilisée pour faciliter la digestion et soulager les maux d'estomac. Les Mayas d'Amérique Centrale l'utilisaient comme aphrodisiaque, et ses feuilles servent depuis longtemps à parfumer les liqueurs, ainsi qu'à remplacer le thé au Mexique particulièrement.

Le damiana possède aussi des propriétés antiseptiques particulièrement dans les affections urinaires, il peut donc être indiqué dans les cas de cystite et d'urétrite.

Pratiques de sorcellerie

Les sorcières et autres guérisseuses avaient recours à damiana qui était traditionnellement utilisé pour interrompre la grossesse.

Pratiques magiques et protectrices

Le damiana est utilisé dans les infusions et les sortilèges d'amour charnel, et de désir (il peut servir à concocter des vins ou autres alcools aphrodisiaques). Dans l'ancienne civilisation Maya, le damiana fut un élixir d'amour ainsi qu'un breuvage contre les vertiges et perte d'équilibre. Les missionnaires espagnols ont été les premiers à signaler que les Indiens mexicains fabriquaient à partir des feuilles de damiana une boisson sucrée qu'ils buvaient pour augmenter leurs performances en « amour ».

Il peut aussi être brûlé comme encens afin d'obtenir des visions ou des rêves prophétiques.

Histoires de rituels

Dilué avec de l'eau et mis au pas de la porte de sa maison, le damiana permet le retour de l'être aimé.

Correspondances occultes

Relié à la planète Mars, à l'élément feu et aux divinités de l'amour Éros et Aphrodite.

DATURA OFFICINALE *(DATURA STRAMONIUM)*

Ses autres noms : stramoine, striss-moine, saute-moine, herbe aux sorciers, herbe des magiciens, herbe aux fous, pomme épineuse, endormie, chasse-taupe, herbe aux taupes, belladone-épinard, tête de hérisson, herbe du Diable, herbe à la forçure, châtaigne puante, pomme du Diable, trompette du Diable, pomme du Pérou.

Botanique et particularités

Le datura officinale est une plante annuelle, qui peut atteindre 2 m de haut, à feuilles dentées et incisées, dont l'odeur est désagréable. Elle porte des fleurs en trompettes blanches ou jaunes, au parfum étrange, qui donnent ensuite des fruits en capsules épineuses. Ce sont les graines qui se trouvent dans la capsule qui sont hallucinogènes. Attention : le datura est très vénéneux, il peut provoquer la démence et la mort.

Usages thérapeutiques

En usages interne et externe, on l'utilise pour lutter contre la maladie de Parkinson, les névralgies, l'asthme (particulièrement l'asthme nerveux), et l'anxiété.

Pratiques de sorcellerie

La plante a toujours été considérée comme une aide à l'incantation des sorcières, et à l'époque de la chasse obsessionnelle dont elles furent l'objet, il était malchanceux pour quiconque de la cultiver dans son jardin.

Comme rituel d'attaque envers des ennemis, les grimoires disent de mettre quelques feuilles de datura dans un bol au-dessus d'un objet appartenant à la personne suspectée, laquelle sera affectée à hauteur de ce qu'elle a fait ou projeté de faire, si cela s'avérait juste.

Pratiques magiques et protectrices

Le datura est utilisé dans les pratiques chamaniques et les rituels religieux depuis des siècles. Les Aztèques considéraient cette plante comme sacrée. Sous forme d'encens ou de feuilles à fumer, il sert à atteindre des états modifiés de conscience, entrer en transe, faire des voyages chamaniques ou astraux, etc.

Le datura peut aussi être utilisé pour briser les sorts et faire fuir les mauvais esprits d'une maison hantée.

Histoires de rituels

En cas d'insomnie chronique, la tradition dit de placer sept feuilles dans chaque chaussure ensuite déposées sous le lit avec le bout pointé vers le mur le plus proche.

Correspondances occultes

Relié à la planète Saturne et à l'élément eau.

DICTAME DE CRÈTE *(ORIGANUM DICTAMNUS)*

Ses autres noms : diptane, dictaine, ditaigne, dikmuss, gingembre des jardins, dictame origan, condrisse ou condise.

Botanique et particularités

Le dictame de Crète est une plante vivace pouvant atteindre 30 cm de haut qui pousse sur les rochers de Crète (*Dicta* est une montagne crétoise). Les tiges portent de petites feuilles blanchâtres arrondies et cotonneuses, et des épis d'inflorescences penchées. Le dictame de Crète dégage une odeur fortement aromatique à la saveur piquante.

Usages thérapeutiques

En usage interne, on utilise le dictame de Crète pour lutter contre les rhumes, l'asthénie, et l'absence de règles. Les anciens Grecs l'utilisaient aussi lors des accouchements. En usage externe, il sert à soigner plaies et contusions.

Pratiques de sorcellerie

Lorsqu'il est brûlé, le dictame de Crète facilite la manifestation d'esprits qui ne peuvent résister à son invocation, ceux-ci apparaissant dans la fumée qui sort de l'encensoir et sont alors invités à prophétiser. La tradition recommande de faire cette fumigation au coucher du Soleil, à la fin d'une belle et chaude journée d'été durant laquelle on aura mangé très légèrement, ou mieux pas du tout.

Pratiques magiques et protectrices

Ses vertus étaient si étendues, si légendaires, que tous les peuples de la Méditerranée orientale, ensemble ou à tour de rôle, ont consacré cette plante à leurs dieux et l'ont utilisée dans des rituels dont la plupart sont restés mystérieux.

Histoires de rituels

La fumée du dictame de Crète est aussi utile pour renforcer l'aura contre les énergies négatives, développer la clairvoyance somnambulique et pour voir ses souhaits se réaliser.

Correspondances occultes

Relié à Vénus et à l'élément eau, la plante est sous la tutelle des dieux et déesses des panthéons égyptien, crétois et minoen.

FOUGÈRE *(FILICOPHYTA)*

Son autre nom : filicophyte.

Botanique et particularités

L'ordre des fougères renferme soixante-dix genres, avec plus de quatre mille espèces. Toutes ou presque ont été, dans leur région d'origine, associées aux traditions de guérison ou de sorcellerie des campagnes. Nous ne citons ici que les trois espèces les plus célèbres : fougère à l'aigle, dite aussi fougère impériale *(Pteridium aquilinum)*, la fougère mâle *(Driopteris filix-mas)* dont les principes et utilisations sont pratiquement identiques, et la fougère royale *(Osmunda regalis)*.

Usages thérapeutiques

Plante hautement toxique, elle est, en usage interne, utilisée pour détruire les parasites intestinaux tels le ténia, l'ascaris, l'ankylostome, les douves, le bothriocéphale et les oxyures. En usage externe, la fougère sert à soigner la goutte, les douleurs rhumatismales et les migraines.

Pratiques de sorcellerie

Dans le folklore allemand, on appelle cette plante « Ailes de la Sorcière ». Le savoir sorcier slovène célèbre la fougère comme étant la « Fleur de Feu », la principale herbe sacrée à Kupala. Au cours de la nuit de Kupala, le cueilleur devait aller en forêt à minuit et observer comme les fleurs de fougère baignaient dans un nuage d'une ardente lumière brillante. Puis on traçait un cercle magique autour de la fougère tout en coupant ses fleurs, alors que de nombreux démons tentaient de terrifier le cueilleur pour l'empêcher de continuer. Armé(e) de la fleur de fougère, le sorcier ou la sorcière pouvait réellement écouter et comprendre le langage des plantes tandis qu'elles conversaient entre elles.

Pratiques magiques et protectrices

La fougère séchée est jetée sur des charbons ardents pour exorciser les mauvais esprits. La sève de fougère est, de son côté, censée conférer la jeunesse éternelle à qui la boit. Quant à la graine de fougère, elle est censée accorder l'invisibilité de celui qui la porte.

Histoires de rituels

De nombreuses légendes pullulent à travers l'Europe. Par exemple porter de la fougère sur soi est censé guider vers des trésors cachés, tandis que la personne qui casse le premier brin de fougère du printemps est dite avoir beaucoup de chance.

Des feux de fougère dans les champs au crépuscule attiraient la pluie. Dans ce but, toutes les espèces étaient brûlées, indifféremment.

Correspondances occultes

La Lune et Mercure président à ses destinées, soutenues par les déités Laka et Puck, ainsi que les Érinyes (Furies chez les Romains).

GUI *(VISCUM ALBUM)*

Ses autres noms : vélin, verquet, blondeau, avilhon, djilhon, vis de cherne, vert de pommier, goué, glue de chêne, enseigne de cabaretier, nid d'hiver, bois de sainte-croix, pain de bique, bec d'anette, casse-malheur.

Botanique et particularités

Le gui est une plante semi-parasite à rameaux fourchus, qui pousse sur différentes espèces d'arbres dont le plus rare est le chêne, ce qui en fait un phénomène céleste. Les bouquets floraux se transforment en hiver en baies blanches, collantes et toxiques dont on peut se servir pour faire de la glu. Une pousse de gui peut atteindre jusqu'à 1 m d'envergure.

Usages thérapeutiques

En usage interne, le gui s'utilise principalement pour lutter contre l'hypertension, l'athérosclérose, les hémorragies congestives, les crises nerveuses et d'épilepsie, l'asthme, la migraine, l'albuminurie, la ménopause et ses symptômes, le prostatisme, la goutte et la néphrite chronique. En usage externe, le gui s'utilise contre les pertes blanches, les névrites, les sciatiques et les algies rhumatismales.

Pratiques de sorcellerie

Le gui, surtout lorsqu'il poussait sur un chêne, était la plante sacrée des druides. Il était coupé le jour de Litha (solstice d'été) ou lorsque la Lune avait 6 jours. Une serpe d'or était utilisée pour couper la plante, qui ne devait surtout pas toucher le sol sous peine de perdre ses pouvoirs. Il fut longtemps utilisé comme protection contre la foudre, la maladie, l'infortune de toute sorte, les feux, etc.

Pratiques magiques et protectrices

On suspend une touffe de gui au-dessus du berceau de nouveaux-nés pour empêcher les fées de jouer leur tour favori : la substitution d'enfants. Dans le Jura suisse, pour se rendre propice la tante Arie – une fée locale –, les filles déposaient des couronnes de gui devant la grotte où elle était censée demeurer.

Histoires de rituels

Parmi les traditions, il est dit que le gui peut être porté pour assurer la chance à la chasse. Les femmes le gardent sur elles pour augmenter leur fécondité et assurer la conception. Il était aussi utilisé dans les rituels visant à capturer cet insaisissable état d'immortalité, ainsi que pour ouvrir les verrous !

Posé près de la porte de la chambre à coucher, le gui assure un sommeil réparateur et de beaux rêves, de même que si on le place sous l'oreiller ou qu'on le suspend au-dessus de la tête du lit.

Correspondances occultes

Relié au Soleil et à l'élément air, ses déités sont Apollon, Odin, Freyja, Frigg et Vénus.

HOUX *(ILEX AQUIFOLIUM)*

Ses autres noms : agrelon, aréoulé, glorieu, houlh, oulette, hour, verte huce, hoise, haix, laurier piquant, houx du Diable, cache-pottes, cache-minottes, bois à la glu, mesplier sauvage, épine de rat, grand housson, grand pardon.

Botanique et particularités

Le houx est un arbuste bien connu dans nos contrées, dont les feuilles sont permanentes, dures et généralement épineuses. Les branches portent de petites fleurs blanches parfumées qui laissent la place à de petites baies rouges, toxiques.

Originaire de la plupart des régions du centre et du sud de l'Europe, il pousse très lentement.

Usages thérapeutiques

On utilise principalement les feuilles et l'écorce uniquement en usage interne.

Le houx est principalement utilisé dans le traitement des rhumatismes, des coliques intestinales, de l'atonie gastrique et des affections fébriles (comme le paludisme).

Pratiques de sorcellerie

Pline nous dit que le houx, s'il était planté près d'une maison ou d'une ferme, repoussait le poison et le défendait contre la foudre et la sorcellerie, que les fleurs faisaient geler l'eau et que le bois, s'il était jeté sur un animal, même sans le toucher, avait la propriété de contraindre l'animal à revenir et à se coucher près de lui.

Pratiques magiques et protectrices

Lorsque cet arbuste prend de l'âge, ses « dents » s'émoussent et finissent par tomber : les feuilles d'un vieux houx deviennent molles, sans épines et perdent leur beau vernis brillant. Selon une tradition allemande, ce sont ces feuilles-là qu'il faut cueillir, un vendredi, juste après le coucher du Soleil. En prendre neuf et les envelopper dans un linge blanc fermé par neuf nœuds. Placé sous son oreiller, les rêves, bons ou mauvais, se concrétiseront dans la réalité.

Histoires de rituels

L'eau de houx (infusée ou distillée) est aspergée sur les nouveaux-nés pour les protéger.

Le houx est aussi porté pour augmenter la chance, spécialement chez les hommes, il est aussi suspendu dans la maison à Yule pour apporter la prospérité.

Correspondances occultes

Relié à la planète Mars et à l'élément feu.

MILLEPERTUIS *(HYPERICUM PERFORATUM)*

Ses autres noms : herbe de maint pertuis, herbe à mille trous, herbe percée, trucheran jaune, herbe des trois galants, herbe à la brûlure, herbe aux piqûres, fleur du tonnerre, fagot béni, chasse-Diable, herbe à la faux.

Botanique et particularités

Le millepertuis est une plante à racine rampante et à tiges à base ligneuse pouvant atteindre 1,10 m de haut. Ces tiges portent de petites feuilles rondes à allongées au bord lisse et qui dégagent une odeur balsamique, ainsi que des fleurs dégageant une odeur de citron, à cinq pétales lancéolés d'un beau jaune orangé vif, et portant des étamines dorées.

Usages thérapeutiques

En usage interne, le millepertuis s'utilise pour lutter contre la bronchite, l'asthme, les affections pulmonaires, les dyspepsies atoniques, la diarrhée, la cystite, la congestion hépatique, les pertes blanches, les oliguries, les fièvres intermittentes, les affections d'origine médullaire, les névrites, l'insuffisance circulatoire, l'artérite oblitérante et les maladies infectieuses infantiles.

En usage externe, le millepertuis s'utilise pour soigner les plaies, les brûlures et les ulcères de jambe.

Pratiques de sorcellerie

Séché au-dessus des feux de Litha et suspendu près de la fenêtre, il est réputé éloigner de la maison les fantômes, les nécromanciens et les malfaiteurs, et il faut le brûler pour bannir définitivement esprits et démons.

Le millepertuis est aussi utilisé dans des rituels ou porté sur soi pour détecter d'autres magiciens ou sorciers, à une époque on en mettait dans la bouche de celles qui étaient accusées de sorcellerie afin de les obliger à se confesser.

Pratiques magiques et protectrices

Le millepertuis est le prestigieux et terrible *Fuga daemonum* du Moyen Âge : l'herbe qui mettait en fuite des légions de Satan et obligeait les sorcières à avouer leur pacte maudit. D'innombrables rituels de millepertuis sont décrits pour guérir les possédés, pour exorciser les maisons, les étables, les champs...

Histoires de rituels

Dans le Languedoc, le jour de la Saint-Jean on cueillait des branches de millepertuis avec des graines et, le soir, on les faisait passer trois fois à travers les flammes du feu rituel en disant chaque fois : *Sen Jan la granol*. Puis, on faisait avec ces branches des croix que l'on attachait aux portes des maisons, des étables, pour les préserver de tout maléfice.

Correspondances occultes

Consacré au Soleil et à l'élément feu, tandis que sa déité est Baldr, l'Apollon de la mythologie scandinave, fils d'Odin et de Frigg, le plus beau de tous les dieux.

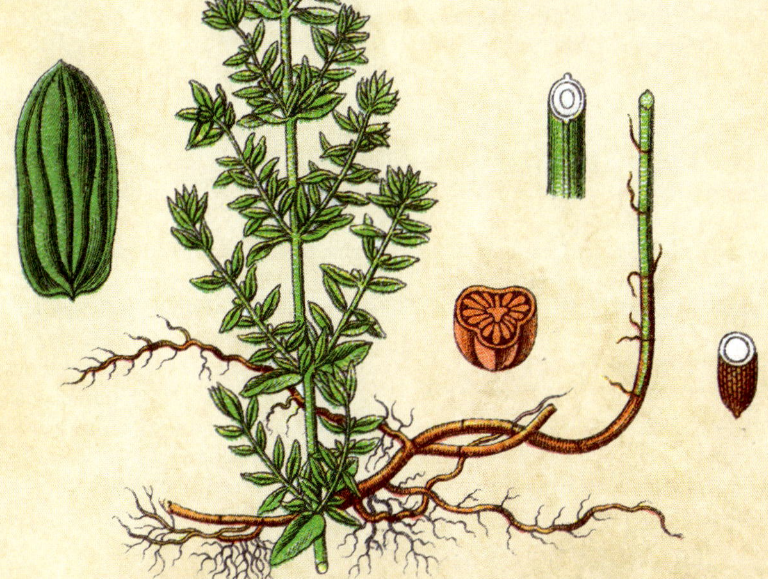

ORTIE *(URTICA DIOICA)*

Ses autres noms : ortie grièche, petite ortie, ortie grise, ortie gringette, ortie de grange, orti-gravé, linard, ortige folle, ortie sauvage, ortie barbarisque, otrille piquante, ortie maligne, grindjéta.

Botanique et particularités

De façon générale l'ortie possède un rhizome (une racine) vigoureux rampant, et sa tige verte porte des feuilles dentées couvertes de poils urticants (qui ne s'est pas déjà frotté douloureusement à ces feuilles piquantes ?). En été, la tige porte aussi de petites fleurs. La tige fournit une fibre textile.

Usages thérapeutiques

En usage interne, l'ortie est utilisée pour traiter les hémorragies, l'hémophilie, l'anémie, le rachitisme, l'asthénie, la tuberculose, les dermatoses, les urticaires, les brûlures, les symptômes de la ménopause, le rhumatisme goutteux et chronique, et la néphrite.

En usage externe, l'ortie est utilisée pour traiter les cancers, les tumeurs, le muguet, les aphtes, les infections bucco-pharyngées et les hémorragies externes (saignement de nez par exemple). Elle sert aussi à soigner le cuir chevelu.

Pratiques de sorcellerie

L'ortie a longtemps été utilisée en magie pour ses pouvoirs protecteurs. Pour lever un sort et le renvoyer à son expéditeur, la tradition suggère de remplir une poupée avec de l'ortie. Pour éloigner le mal et le renvoyer hors de sa maison, il est conseillé de répandre de l'ortie tout autour.

Pratiques magiques et protectrices

Pour se purifier vous pouvez boire une infusion d'ortie. Et pour éloigner le danger, il est dit de jeter des orties dans le feu. Mais, pour tenir à distance les fantômes, il faut la tenir dans sa main, éventuellement avec de l'achillée. Enfin pour éloigner la négativité, en porter sur soi comme amulette.

Histoires de rituels

Dans les provinces des Balkans, une coutume subsista jusqu'à la guerre de 1914-1918 : aux noces de campagne, les sœurs de la mariée préparaient en cachette un bouquet avec des tiges fraîches d'orties brûlantes ; le soir, au moment où le couple allait se retirer, elles venaient alors cérémonieusement, et sans doute avec une bonne dose de malice, donner au mari, sous les rires et les plaisanteries des invités, les verges urticantes destinées à fustiger la jeune épouse au cas où celle-ci ne se montrerait pas suffisamment amoureuse durant la nuit de noces.

Correspondances occultes

Reliée à Mars et à l'élément feu sous la tutelle de Thor.

ROSIER *(ROSA GALLICA 'OFFICINALIS')*

Ses autres noms : rosier des apothicaires, rosier de Provins.

Botanique et particularités

Le rosier est un arbuste épineux pouvant atteindre 5,50 m de haut sur lequel pousse la rose rouge officinale ou rose de Provins. Ses branches portent des feuilles caduques lancéolées finement dentées, et se couvrent de fleurs parfumées aux pétales d'un rose profond en été (on en extrait l'eau de rose). Ces fleurs laissent la place en automne à des fruits riches en vitamines : les cynorhodons.

Usages thérapeutiques

En usage interne, la rose est utilisée pour traiter les hémorragies, les leucorrhées, les diarrhées, la tuberculose pulmonaire et l'asthme.

En usage externe, la rose est utilisée pour traiter les aphtes, les leucorrhées, les plaies fongueuses et les inflammations des paupières.

Pratiques de sorcellerie

Les roses ont longtemps été utilisées dans les mélanges d'amour, en vertu des associations de cette fleur avec les émotions. Un chapelet de roses porté sur soi lorsqu'on pratique un rituel d'amour (après avoir enlevé les épines), ou une simple rose dans un vase sur l'autel, sont de puissantes aides magiques. Les pétales séchés, parfois assemblés pour former des dessins ou des formules magiques, servent aux vœux de guérison.

Pratiques magiques et protectrices

Les cynorhodons sont suspendus ou portés sur soi comme des amulettes attirant l'amour. Un thé de boutons de rose bu avant de dormir induit des rêves prophétiques.

Histoires de rituels

Les courtisanes romaines avaient leur fête, le 23 avril. Durant ce jour, consacré à la Vénus vulgaire *(libentina)*, elles se montraient parées, comme la déesse, de roses et de myrte.

Correspondances occultes

Reliée à Vénus et à l'élément eau, ses déités sont Aphrodite-Vénus, Héra-Junon, Cupidon, Éros, Psyché, Dionysos-Bacchus, Déméter, Isis...

RUE *(RUTA GRAVEOLENS)*

Ses autres noms : ruthe, route, rudi , rhuë verte, rue des jardins, rue fétide ou puant, herbe à la rue, herbe à la belle fille, herbe à chat, rue vineuse, herbe de mort, herbe de grâce, péganion, rue domestique, rue officinale, rue des jardins, rue des jardiniers, herbe de la rue, rue fétide, rue odorante...

Botanique et particularités

C'est une plante rustique, persistante et un peu arbustive, originaire du sud de l'Europe. Ses feuilles dégagent particulièrement une odeur puissante et désagréable et ont un goût excessivement amer, âcre et nauséabond.

Usages thérapeutiques

Son nom *Ruta* vient du grec *reuo* qui signifie « libérer » car cette herbe est particulièrement efficace dans diverses maladies, notamment les troubles visuels, les maux d'oreilles, les affections nerveuses (hystérie, cauchemars, etc.), les infections ou empoisonnements suite à des piqures d'insectes et morsures de serpents. Elle est aussi capable de conjurer une contagion. À doses excessives, la plante est cependant un poison accro-narcotique.

Pratiques de sorcellerie

La rue est une plante narcotique et abortive dont l'odeur notamment pouvait aider à la production des hallucinations recherchées.

Pratiques magiques et protectrices

Au Moyen Âge et ensuite, la rue était considérée dans de nombreuses régions d'Europe comme une très puissante défense contre les sorcières, et était d'ailleurs utilisée dans de nombreux sorts.

Histoires de rituels

La religion chrétienne l'a plébiscitée. À moment donné, l'eau bénite était aspergée sur les fervents par des pinceaux faits avec des tiges de rue lors de la cérémonie précédant habituellement la célébration dominicale de la messe, raison pour laquelle on suppose qu'elle a été nommée « herbe du repentir » et « herbe de la Grâce ».

Correspondances occultes

Reliée à la Lune et à l'élément eau, elle est associée à Hécate.

SAUGE *(SALVIA OFFICINALIS)*

Ses autres noms : sauge franche, sauge des bois, sauge menue, sauge sauvage, sauge à oreilles, sauge pointue, ambrosée, thé de France, herbe sacrée, saugette, souge, bon génie, orvale, herbe des cuisinières, sôrge, sârtche, musauge, sale, siège, salbine.

Botanique et particularités

La sauge est une plante à feuilles persistantes texturées, de couleur gris vert, pouvant atteindre 80 cm de hauteur. Ses tiges se couvrent en été de fleurs le plus souvent bleu-mauves, mais parfois roses ou blanches.

Usages thérapeutiques

En usage interne, la sauge est utilisée pour traiter toutes les faiblesses organiques, l'asthénie, la neurasthénie, les dyspepsies par atonie gastro-intestinale, les digestions lentes, l'inappétence, les affections nerveuses (tremblements, vertiges, paralysies), l'apoplexie, les bronchites chroniques et l'asthme.

En usage externe, la sauge est utilisée pour soigner les leucorrhées, les aphtes, les stomatites, les angines, les laryngites, les névralgies dentaires, l'asthme, les plaies atones, les ulcères, les dermatoses, la débilité infantile, le rachitisme, la scrofulose, l'alopécie et les piqûres de guêpes et d'insectes. Enfin elle sert aussi à désinfecter les habitations.

Pratiques de sorcellerie

Les crapauds sont grands amateurs de sauge ; or, comme chacun sait, certains crapauds qui viennent batifoler les nuits de pleine lune autour de leurs herbes préférées sont tout autre chose que de simples et inoffensifs batraciens... mais probablement des démons déguisés.

Pratiques magiques et protectrices

Si vous voulez voir un de vos souhaits se réaliser, la tradition dit de l'écrire sur une feuille de sauge puis de la cacher sous votre oreiller. Après 3 nuits, un bilan est fait. Soit, lors d'une de ces nuits, un rêve a confirmé que le souhait se réalisera, soit aucun rêve n'est venu. Alors il faut enterrer la feuille de sauge dans le sol afin que cela ne puisse jamais nuire.

Histoires de rituels

La sauge a longtemps été utilisée pour s'assurer une longue vie, parfois même l'immortalité. Elle est portée sur soi pour acquérir la sagesse, et les feuilles sont utilisées dans de nombreux rituels d'argent et de guérison, et pour protéger du mauvais œil.

Correspondances occultes

Reliée à Jupiter et à l'élément terre.

TABAC *(NICOTIANA TABACUM)*

Ses autres noms : grand tabac, tabac vrai, tabac mâle, tabac à larges feuilles, tabac de Floride, herbe du grand prieur, herbe de sainte-croix, herbe de tornabon, jusquiame du Pérou, herbe sainte, panacée aromatique, herbe à tous maux.

Botanique et particularités

Le tabac est une plante annuelle ou bisannuelle, pouvant atteindre 1,20 m de haut, à grandes feuilles alternes, ovales et allongées. Sa tige rigide porte en été des fleurs tubuleuses de couleur blanc vert à rose, au sommet aplati.

Usages thérapeutiques

Les Amérindiens utilisent les feuilles en cataplasmes pour soigner les entorses, les coupures, les morsures infectées ou les peaux à problèmes. Ils utilisent aussi le jus issu des feuilles en application externe pour soulager les névralgies faciales. Enfin les feuilles mouillées soignent les hémorroïdes.

Pratiques de sorcellerie

Le tabac est un substitut magique pour le soufre, ainsi que pour le datura, et la plupart des solanacées dont le tabac fait partie.

Le magicien soufflant sur les guerriers de la fumée de tabac prononçait jadis ces mots :

« Afin que vous surmontiez vos ennemis, recevez l'esprit de force ».

Pratiques magiques et protectrices

Le tabac est utilisé depuis longtemps par les Indiens d'Amérique du Nord et du Sud dans les rites chamaniques, les rituels religieux, les rituels de guérison et de purification.

Histoires de rituels

Dans les Côtes-du-Nord, l'usage voulait qu'un fermier qui agrandissait ses bâtiments, au moment où il posait la première pierre, devait y déposer un paquet de tabac en guise d'offrande. En Saintonge, le marié ne devait pas fumer le jour de la noce ; le tabac n'engendre que des nuages, et ceux de la cigarette ou de la pipe étaient de mauvais augures pour l'avenir du ménage. En Écosse, pendant qu'on veillait un mort, l'usage était de mettre à la disposition de ceux qui venaient participer des pipes neuves et du tabac en abondance ; c'est pour cela qu'on appelait la veillée mortuaire la « nuit au tabac ».

Correspondances occultes

Relié à Mars et à l'élément feu.

VERVEINE *(VERBENA OFFICINALIS)*

Ses autres noms : vermaine, brébouane, herbe de l'effort, vratour, herbe à la croix, herbe de sang, herbe ou plante à tous maux, herbe au chat, herbe aux sorciers, menthe de chat, fleur de madame, columbaire, yserne, sang de chatte, porte-parole, verbenaire.

Botanique et particularités

La verveine officinale est une plante vivace pouvant atteindre 80 cm de haut. Sa tige ramifiée porte des feuilles inférieures profondément découpées et des feuilles supérieures glabres. Elle se couvre au milieu de l'été d'épis denses de petites fleurs tubulées rose lilas pâle. On l'appelle aussi herbe sacrée (ce surnom vient du fait qu'elle était hautement sacrée dans les cultures de l'antiquité).

Usages thérapeutiques

En usage interne, la verveine est utilisée pour traiter les douleurs gastriques, les rhumatismes, les névralgies, les migraines, le paludisme et les cellulites douloureuses. Elle sert aussi à préparer l'accouchement, et à traiter l'insuffisance lactée des nourrices.

En usage externe, la verveine est utilisée pour soigner les contusions, les entorses, les plaies et les névralgies.

Pratiques de sorcellerie

La verveine, qui jouait un si grand rôle dans les rites du druidisme est devenue chez les descendants des anciens Bretons la plante des enchanteurs et des magiciennes. La verveine est en effet particulièrement active pour soutenir la projection des sortilèges d'amour. De plus, diffusée en encens, elle était utilisée par les sorcières pour prédire l'avenir. Une couronne de verveine sur la tête protège le magicien pendant qu'il invoque les esprits. N'importe quelle partie de la plante peut être d'ailleurs portée sur soi comme une amulette.

Au sabbat, les diablotins se faisaient, disait-on, des jarretières de verveine pour marcher et danser sans fatigue.

Pratiques magiques et protectrices

La verveine est une herbe magique très puissante, sous le règne martial du dieu *Tiw*, un rameau suspendu sur la porte est dit repousser les créatures et esprits malfaisants. Un collier de verveine est par ailleurs censé guérir la fièvre, calmer les maux de tête et accroître sa chance.

Histoires de rituels

Si on enterre rituellement de la verveine dans la terre, la plante favorisera la fertilité agraire.

Correspondances occultes

Reliée à la planète Vénus et à l'élément terre, ses divinités sont Cerridwen, Mars, Vénus, Aradia, Isis, Jupiter, Thor, Junon...

INDEX

Crédits photographiques

Shutterstock.com – Analgin : 23 ; Daria Ustiugova : 10, 13 h, 17, 25, 73 ; DonKrason : 30 ; Eisfrei : 19, 28 ; Hein Nouwens : 26 hd, 26 hd, 27 ; koval-n : 35 ; Marketa Kuchynkova : 14 ; mimomy: 9 ; Morphart Creation : 32, 33 ; mountain beetle : 20, 21 h, 21 b, 22 h, 22 b ; Natalia Hubbert : 18 h ; OlgaKleko : 24 ; olgers : 12-13 ; SvetaArtStore : 11 ; tonia_tkach : 6, 7 ; Yuliya Derbisheva VLG : 18 b.

Wikimedia commons – 15, 29, 37, 39, 41, 43, 45, 47, 49, 51, 53, 55, 57, 59, 61, 63, 65, 67, 69, 71, 75, 77, 79, 81, 83, 85, 87, 89, 91, 93, 95, 97, 99, 101, 103, 105, 107, 109, 111, 113, 115, 117, 119, 121, 123, 125.